记忆断片
——巴克森德尔回忆录

[英]迈克尔·巴克森德尔　著

王晓丹　译

广西美术出版社

图书在版编目（CIP）数据

记忆断片 ——巴克森德尔回忆录 / （英）迈克尔·巴克森德尔著；王晓丹译 . — 南宁：广西美术出版社，2016.11
书名原文：MICHAEL BAXANDALL Episodes
ISBN 978-7-5494-1705-6

Ⅰ . ①记… Ⅱ . ①迈… ②王… Ⅲ . ①迈克尔·巴克森德尔 – 回忆录 Ⅳ . ① K835.615.7

中国版本图书馆 CIP 数据核字 (2016) 第 283521 号

记忆断片——巴克森德尔回忆录

著　　者：［英］迈克尔·巴克森德尔
译　　者：王晓丹
图书策划：冯　波
责任编辑：陈曼榕
封面设计：陈　凌
版式制作：李　力
责任校对：张瑞瑶
审　　读：马　琳
出版发行：广西美术出版社
地　　址：广西南宁市望园路 9 号（邮编：530023）
网　　址：www.gxfinearts.com
印　　刷：深圳当纳利印刷有限公司
开　　本：889 mm×1194 mm　1/32
印　　张：4.5
出版日期：2017 年 9 月第 1 版第 1 次印刷
书　　号：ISBN 978-7-5494-1705-6
定　　价：29.00 元

目　录
Contents

序言

"一个独行者"，有人如此评价他。他的确是一个独行者。一个有着独立思想，在艺术史及这一领域之外留下不可磨灭印记的人；一个说话简练，为人热切、性格腼腆又激情满怀的人。1967 年秋天，我们在瓦尔堡研究院第一次碰面，那场景至今印象深刻。当时，他沉郁的面色瞬间化为明亮的笑容。在接下来的几个月里，我们时不时地有过长谈。他的腼腆（不过我也是个腼腆的人）使他所说的话又增加了些分量。后来，我去听他的一场有关阿尔贝蒂与绘画结构的讲座——这场讲座的核心便是《乔托与演说家》［*Giotto and the Orators*］最后一章内容。我对这一讲座有很高的心理预期，结果证明我的预期还远远不够。在讲座中，迈克尔举重若轻地阐述了一个极具原创性的观点。我仍记得那个下午自己沉浸在一种纯粹的愉悦之中。我和他之间的对话（有时是真正意义上的对谈，通常更像是隐喻式的交流）至此占据了我的脑海。

此书中有两章内容在巴克森德尔生前从未发表过——这两章内容属于不同的风格，却由纵横交错的线索联系在一起——这些内容为巴克森德尔的学术面貌和个人传略提供了一个全新的维度。《记忆断片》这本书尤其会影响人们对其学术著作的理解。然而，这两章内容所触及的潜在读者群之广远非那些熟悉《15 世纪意大利的绘画与经验》［*Painting and Experience in Fifteenth Century Italy*］和《阴影与启蒙》［*Shadows and Enlightenment*］的读者群所能及。那些对艺术不感兴趣的读者会喜欢阅读《走进卡什帕》［*A Grasp of Kaspar*］——这是一本变相的具有讽刺意味的悬疑小说。《记忆断片》则是一次毫不妥协的反观自我的写作实践，它会立刻抓住每个曾经自问"我是谁"的读者的注意力。

它涉及一个有关自我身份的问题。《记忆断片》一开篇，我们就找到了这个问题答案的苗头：围绕沙丘所作的催眠式的长篇大论。巴克森德尔要求读者（这一章节颇具讽刺意味地取名为"约言"）来比较一座沙丘及其属性与个人之间的异同——相似和相异之处同等重要。这种写作方法被称为"艺格敷词"［ekphrasis］——一种古时的文学风格，以详细精确描述某件物品或某个地方为特征，无论描述对象是真实存在抑或虚构。至此，《记忆断片》与巴克森德尔毕生所有著作之间的紧密结点便浮出了水面——从多个方面来讲，艺格敷词这种写作风格一直是其学术著作的核心。

意大利人文主义者从拜占庭人那里引入艺格敷词这种文学风格，并将这种相对中立的写作手段转变为艺术批评和艺术史写作的一种重要工具——不同领域的作家如乔治·瓦萨里［Giorgio Vasari］和罗伯托·隆吉［Roberto Longhi］都对这一文学手法亲身实践过。巴克森德尔更是不断地对这一写作传统进行研究。然而他对这一区域性批评术语的历史的兴趣尤其与其一贯的理论反思结合在一起。艺格敷词是一个宽泛的概念。巴克森德尔曾引用一段隆吉描述皮耶罗·德拉·弗兰切斯卡［Piero della Francesca］之《耶稣复活》的长文（他称之为"美文"）来说明这个概念。隆吉的艺格敷词意在提供绘画在文字上的对等物。正如巴克森德尔曾在一篇引发激烈论战的论文中所阐述的那样，他更感兴趣的是一种由艺格敷词所传达的推理性批评。他深知语词与绘画隶属于不同的领域，前者的指示性必然是成问题的。试图将巴克森德尔说成一个牵强的后现代主义者，已然证明是难以让他信服的。他将毕生的精力都投入到一个全然不同的、更具雄心抱负的课题上：正如过去实践所示，他试图证明描述绘画的语词可以揭示绘画意图的模式以及各种松散关系之间所隐藏的相互交织的关系网。

　　我们似乎与眼下所要讨论的《记忆断片》及其开篇对沙丘和个人身份进行比较的意图离得太远了。事实上，我们并没有离题。巴克森德尔对于沙丘的兴趣由来已久。在《阴影与启蒙》中，他曾对两粒特写镜头下醒目的沙子（一粒沙子是另一粒沙子倒置状态下的复制品）发表过自己的看法。他对这一图像在视觉上的多义性非常感兴趣，而这种多义是由假定的光源引起的："它既可以是平滑的丘脊和粗糙的崎岖不平的山谷，抑或是崎岖不平的丘脊和平滑的谷底。"在《记忆断片》中，沙丘意在引出一种与众不同的反思。一张以沙丘为内容的明信片会带给我们一种讲述人生故事的认知模式。沙丘结构里"保存着沙丘自身历史中内在的、有选择性的记录，即分层——尽管这并不是我们所称的'记忆'"。

　　巴克森德尔曾两次重复这句话。分层由"各种厚度不同的沙层沉积而成，这里从某些方面来讲是指三环沙丘，而它可以囊括任何沙丘的历史故事"。稍后读者将在《记忆断片》正文中碰到"分层"（"我的分层"）这个词，它与巴克森德尔遇到的两件极为重要的事件有着密切的联系，即师从 F. R. 利维斯［F. R. Leavis］和就职于瓦尔堡研究院。

　　理查德·沃尔海姆［Richard Wollheim］曾称安德里安·斯托克斯［Adrian Stokes］具有"一种强大的能力，能够在外部世界找到内心世界的隐喻之物"。这句话也适用于巴克森德尔——不过是有条件的。他在《记忆断片》一开头所提出的认知模式并不涉及单独的个体："沙丘的形态往往会受到相邻沙丘的存在和特征的影响。"尽管沙丘"不具备任何一个人所必需的意识"，但是它呈现出一系列特征，其中包括："沙丘会对其相邻沙丘的存在和形态做出回应，但是……同时也会反作用于自身，风是沙丘本身形态的缔造力量，而沙丘反过来也会重新引导风向。"

　　沙丘、风、控制力及自控力：关于风景的艺格敷词提供了一种认知模式上无穷尽的丰满度，它体现个人及其周遭社会以及其内心世界之间的关系。一种错综复杂的、谜一般的关系，《记忆断片》基本上避免了怀旧式的叙述——这一手段被频繁地用于自传类写作中，以驾驭陈年往事。巴克森德尔笔下的叙述者和自我之间存在着某种亲近关系，但并没有沆瀣一气（巴克森德尔提及"我们与那些五年或五十年前以我们的名义共事的人还保持着何种积极的关系"）。巴克森德尔本人的记忆缺口，偶尔有其他人的回忆来填补，但他始终本着谨慎、诚实的态度进行记录。从早年的孩童时期到成年初期所经历的变化，叙述者的自我则是间接地通过他与其他人之间的交往隐现出来。

在《记忆断片》一书中，的确充满了各种人物、名字以及清晰描述的事件（读者将会发现某些人物以虚构的形式再次出现在《走进卡什帕》中）。巴克森德尔的写作方法基于"*arte di levare*"［浮雕手法］，即一种将重要信息进行浓缩，凸显其分量的写作方法。让人感到颇为意外的是，巴克森德尔写道，F. R. 利维斯在他脑海里的形象"不同寻常（对我而言）地只留有其侧面形象，但其整体形象却异常清晰"。这让人颇感惊讶是因为《记忆断片》给人一种印象，即书中绝大多数人物都是以侧面形象出现——最先出场的侧面形象便是叙述者本人。巴克森德尔告诉我们，他与利维斯之间的问题是"我对他的抗拒，在长达半个世纪的时间里，我一直在摆脱对他语调的模仿"，然后"我想要找到一条捷径，能够直接畅通无阻地穿行于视觉性和社会价值之间。然而根本不存在这样的捷径"。这就给读者心里留下一条断裂的轨迹，而这将在日后由《绘画与经验》修补。在《绘画与经验》这本书里，巴克森德尔通过一系列精彩的分析，告诉我们布道、舞蹈以及计量桶可以传达 15 世纪绘画的视觉性和当时社会价值之间的关系。

《记忆断片》的侧面形象写作方法也有几个例外。其中一个例子便是对约翰·波普 - 亨尼西［John Pope-Hennessy］铁面无情的描述。另一个例子则与上述例子大不相同，巴克森德尔用了很长的篇幅，详细而又满怀感情地追忆起格特鲁德·宾［Gertrud Bing］的种种往事（《乔托与演说家》的献词提到此书是纪念宾）。对于宾的描述类似于某种肖像画，之所以这么说主要是因为巴克森德尔巨细靡遗地描述了宾于1929 年在罗马拍摄的一张广为流传的照片——这一年也正是阿比·瓦尔堡［Aby Warburg］去世的年份。（巴克森德尔告诉我们，他的父亲"是一个非常活跃的摄影师"。）从照片中可以看到，宾"双眼注视着画面空间的右方，而不是朝镜头左方望去"。对此巴克森德尔评注道，"我确信她就是我在 1960 年认识的那个人"。他认为宾"尖锐的观点和直率的态度——真心的关怀——正是我们赞美和需要的"，同时她拥有"持久的精神力量"，这是唐纳德·戈登［Donald Gordon］在宾的讣告中强调指出的。宾似乎被拉得越来越近：她的便条"表明了她自己的某些看法以及她在探明那些含糊其词、骗术或自欺欺人观点上所具有的眼力"。然而此种表面上的近距离肖像完全是误导性的："以倒叙的视角来看宾，她的形象巧妙地短缩了［foreshortened］。"这种怀旧式的回眸并不能驾驭陈年往事；相反，时光流逝，尤其是关于宾人生的最初三十年，已经变得"如此遥远而无法穿越"，让人感到神秘莫测——甚至对于她的朋友以及那些自认为非常了解她的人（比如巴克森德尔）也是如此。然而与阿比·瓦尔堡和以其名字命名的传统之间鲜活的联系使巴克森德尔看到"瓦尔堡研究院传统本身也被短缩了，正如人们用同样的视角来看待宾一样，这一传统后退到了 20世纪早期的德国文化传统，而后者正是人们无力渗透进去的"。

这一章节非常难懂，需要进一步仔细研读。巴克森德尔的著作——尤其是《乔托与演说家》和《绘画与经验》——可视为对瓦尔堡著作的创造性拓展。但是巴克森德尔的著作与"瓦尔堡研究院传统"有一种疏离感，因此它和瓦尔堡的著作是有距离的。有人怀疑巴克森德尔受到恩斯特·贡布里希及其与瓦尔堡传统之间极为矛盾的关系的影响。然而，令人遗憾的是，由于巴克森德尔自传在时间上的限制，使得贡布里希在此书中简化为一个影子。眼下我们只能揣测他们之间的对话。

巴克森德尔在《记忆断片》里用了很长的篇幅来讲述瓦尔堡研究院、瓦尔堡图书馆及其目录对其学术生涯所产生的深远影响。他对瓦尔堡学术的反刍难以捕捉，但是他在转述宾对瓦尔堡的评价时，我们兴许可捕捉到其中的蛛丝马迹："她这样写瓦尔堡，'他像是一个在黑暗险境中行走的人'，我想这里的'行走'指的就是字面上的意思，即姿态和举止。"

巴克森德尔对瓦尔堡"姿态"的描写，呼应了瓦尔堡青年时期对于幼虫的痴迷，同时也在其晚期的课题"记忆女神"［ Mnemosyne ］中得到了回应。然而对巴克森德尔而言，"姿态"还具有一种隐喻性价值。在《意图的模式》中有一章节阐述文字如何描绘视觉经验，巴克森德尔谈到"审视一幅绘画作品时的姿态和遣词造句、传达观念的姿态之间具有不协调性"。"姿态"是指一种运动和轨迹所具有的特性，它的矛盾性让人想起《记忆断片》开头的一段文字："到时我们也许会对一些问题感到好奇，比如我们及他人在人生路上该如何继续前行，又该如何做出改变。"持续性和变化性之间微妙的关系在《德国文艺复兴时期的椴木雕刻家》［ The Limewood Sculptors of Renaissance Germany ］中再次出现，在阐述汉斯·莱恩伯格［ Hans Leinberger ］伟大作品的文字结尾处，有一段令人回味的文字："此画的母题是反复迸发的灵感和保持积极审视的眼光所需要的常规指南以及隐藏在结构之下的盔甲不是姿态，而是我们感知姿态的行为。"

《记忆断片》带有学术指涉，但是它并不是一部学术著作。在此书的第一页，巴克森德尔就告知我们，此书是由于身体虚弱和疾苦而催生的："讲述的意图与其说是自负，还不如说是激励自我和保护自我。"巴克森德尔解释道，他最初的写作方案由于材料受限而重新做了调整，"我原先打算多做一些分析，用真实的记忆断片来体现类型和结构。然而，每当我开始写下一则有代表性的记忆断片时，就需要强调它的独立性，由此便需要花大力气来完成。回顾整个写作过程，这种情况至少从戈德温 [Godwin] 的故事开始就已然如此"。

在叙述者孩童时期曾居住过的威尔士村庄的一条街道上，戈德温突然出现在那里：面容憔悴，穿着破旧的正装，被一群当地男孩包围着嘲弄。叙述者得知，戈德温出生于一个富有的家庭。后来父母双亡，留下他独自一人和一座有着藏书室的大房子。他过着隐士般的生活：

"我对戈德温充满好奇。他整天在那幢大房子及其附近都做些什么？他会在父亲的藏书室里消磨时光吗？他会想念父母吗？过着隐居者的生活，必然会让人伤怀吗？似乎也没有理由认定如此。然而戈德温的结局将会如何呢？——诸如此类问题。这其中想必有自我投射的成分。"

大约整整五年的时间里，这个孩子的心底一直默念着戈德温，想象着与他不期而遇时，将上演怎样的对话（叙述者在其回忆录里包括了这段臆想的对话）。一段感人的对话，实际上什么（或者几乎什么）也没有发生。

为什么戈德温对这个孩子，即后来的叙述者如此重要呢？"这其中想必有自我投射的成分"：感到被边缘化，憧憬着过上一种不同于常人的神秘生活。戈德温一直印烙在叙述者的记忆里：作为一种可能性，惊鸿一瞥异于芸芸众生的生活。真有必要为身为隐居者而感到落寞吗？

"性格即命运"，希腊哲学家如是说。

卡洛·金兹伯格

第一章

约言

一

在某个时期，发现自我的矛盾性，无法将自我视为某种独特的、清晰的、完整的东西，这再正常不过。倘若这种情况真的发生了，也不用过多担忧，然而到时我们也许会对一些问题感到好奇，比如我们及他人在人生路上该如何继续前行，又该如何做出改变；我们与那些五年或五十年前以我们的名义共事的人还保持着何种积极的关系；我们又能拿什么来证明这些回忆情景以及对他人及经历的叙述是正确的；甚至兴许还有那些涉及我们该如何在自我和外物之间划清界限的偶然事件。这些问题自古有之，只是我们以前从来没有主动思考过——部分原因可归结为经过数百年的讨论，这些问题已经被打磨得光滑圆润——然而它们仍然会在人生的某个阶段被唤起。

在我们年岁渐长时，这些问题也许会不容分说地被唤醒。而这背后显然与身体状况的改变脱不了关系。当一个人的身体状态每况愈下时，精神与肉体之间松散的关系，无论这种关系是什么，都会处于一种紧张状态。肉体开始疏离自身，成为一个混乱的他者，必须时时照看着，并且从外部视角来重新认识它：年老和衰弱也有其可怕的自恋情结。我们讨论的这个主题——类似于"个人""身份""意识"，事实上就是"自我"——此时便显现出来了。（似乎更多时候是肉体要离开灵魂，而不是灵魂要离开肉体。）"合而为一的整体"［One

与肉体大不同，当然想必肉体也有别于整体。无论精神哲学家——他们中某些人——如何向我们说明事实必定是反其道而行，也都无济于事。

因此，当老者沉迷于追忆往事时，我想，他的初衷兴许并不是为了子孙后代抑或出于其他传统意义上的目的。从根本上来说，他们追忆往事根本不是为了他人。不管怎么说，外人何必要为我们这些乏味的陈年往事费心呢？因而更确切地说，老者这么做是为了他们的自我，其益处在于强调自我，因为自我是（抑或看似）叙述的产物。讲述的意图与其说是自负，还不如说是激励自我和保护自我。

然而，尽管我这样说，但是我原初计划并不是要写一本回忆录，或者说至少不是诸如此类的东西。无论是从自省角度还是主观角度上来讲，我感兴趣的是在追忆往昔经历时所要经受的各种类型的改造以及有意图的回忆所采取的不同模式——回忆的风格和结构，类似于某种回忆修辞格。我希望从中可以得出某种结论，即在叙述脑海里某种类似记忆的对象和事件的过程中，到底是什么样的塑造力在起作用——我相信这一定与记忆有关，但绝不会是记忆中保存不完整或不完全的真实经历的某些断片。

这将引出我本人在最初大约二十五年里的经历，从时间上来说，这段时间距离如今的我最为遥远。换句话说，我必须拿出自己的素材。我还有其他素材可用吗？然而这并不意味着我在写一本回忆录，因为我选择的断片是为了体现类别和形式。其他方面的重要经历——那些对我而言极其重要的人、地方以及事件——将不会出现在书中，要么是因为这些素材与我的写作目的无关，要么是因为我不想写它们。我写下的这些记忆——我没有让它们蜷缩在壁炉角落里喃喃自语，是因为要想了解我心灵世界的某些内容，我需要这种仪式，将这些断片转化为文本。我不清楚它可以多大程度上保持私人文本的状态，但是我想要的是这种状态的随意性。正如我想要自由自在地沿着偏僻的小路远足，我这么做不需要任何理由。

二

我想以这样一次远足开始——这一类比可视为理解自我某些特征的预备技巧或者符号。这就替代了原本要为 "身份" 所做的一番阐释。

在我的书桌左侧别着一张明信片，内容为惨淡夜光下的一座座沙丘，并题名为《提胡代因沙漠梦幻瞬间》［*Instant de rêve dans l'Erg tihodaïne*］。这张明信片之所以会在这里是出于各种原因，但是与这次的写作计划无关。从很多方面来看，沙丘都是迷人的——它们的不确定性，究竟慢慢潜行了多远，或者神不知鬼不觉地瞬间改头换面；它们集柔性和刚性于一体的不可思议的矛盾性；它们以各种方式将我们对于距离的合理经验变成一种无稽之谈；它们储备冷或热；沙粒和沙丘、个体和整体对光做出的相互冲突的反应。除了购买一整套沙丘明信片，我还阅读了一些关于沙丘的资料。但是我在这里以沙丘作为类比，是因为它代表了个人身份所具有的一系列特性，并且至少从当下来看可以回避其他。这并不是说人像沙丘：从多个角度来看，二者之间并不像。尽管它们之间存在着诸多不同之处，但是沙丘所具有的五六种主要特征与我牢记在心的个人意识所具有的五六种特征有着共同之处。

此处沙的属性是明确的，其颗粒有尺寸和重量，在猛烈，但对于当地来说稀松平常的强风之下会飞跃或者跳跃，而不会像尘埃那样铺天盖地而来或像石子那样时不时地沿路翻滚。沙床上的一颗沙粒飞跃而起，要么是因为起风时，旁边可掩护的沙粒突然不见了，于是它就被风吹了起来，要么因为它被另一颗在空中飞落而下的沙粒迎头撞上。尽管风向盲区中风与沙之间的物理作用现象非常复杂，但是同一大小和重量的沙粒最终的表现方式都趋于一致。风吹过平坦而干燥的沙床，会按沙粒的质量大小进行分层，这就形成了沙波纹。沙波纹携带着沙粒，逐渐壮大形成了沙脊，沙脊则可能会发展为沙丘。

那么，沙丘是什么呢？沙丘的显著特性是在背风面形成坡面。这是沙丘不同于单纯沙脊的地方。典型的沙丘，也是沙丘中最纯粹的一种便是新月形沙丘［barchan］。（barchan，这个单词不是出自凯尔特语系，而是土耳其斯坦语。）新月形沙丘是风的产物，某股定向风持续以十五度的角度从沙丘刮过，致使沙丘形如新月，在迎风面形成圆形，在背风面则形成陡峭或凹形的坡面。从直观上来看，在这样的条件下，形成这种形态并不令人费解，这里我们可以再次忽略它的物理原理。

然而，新月形只是表面形态。任何沙丘的特性都存在于更深层次，在于其内部的格局，这就涉及两个方面，即沙粒大小和堆积密度。第一个方面即沙粒大小，相对来说简单一些：大体说来，沙粒越大、越重，那么能爬到迎风坡上的沙粒就越少，从背风面滑落下来的距离也就越远。由此，新月形沙丘的环形基座是由底部的粗重颗粒组成的。

第二个可变因素，即颗粒堆积的密度更为有趣，因为密集就意味着牢固。它的根本点在于由风驱动的颗粒比起重力作用下的颗粒堆积得更为紧密。因此，比方说，从滑坡面掉落下来的沙子是松散的、柔软的，而由风吹到沙丘顶部表面的沙粒是紧实的。久而久之，它所产生的最为重要的影响便是沙丘主体的分层。由风驱使而形成的接连不断的沉积沙断片留下了一系列的分层，顶部的沙层最牢固。这些分层厚度不一，角度略有不同，显示了每个沙层断片所接受的风力大小。从某些方面来讲，以上是任何一个沙丘，而不仅仅限于三层沙丘共有的故事。当沙丘的一面倒塌得干净利落时，这种分层就会一览无余地展现在我们的面前。认真的学生会弄湿沙丘以此起到固定沙粒的作用，然后便可以探究每个层次了。

（我将稍稍提一下另一种典型的沙丘，即纵向沙丘［seif］——这个词不是挪威语，而是阿拉伯语，意指"刀"，这种沙丘的平面图看似短弯刀。纵向沙丘是在新月形沙丘形成后进一步细化的产物，它是两股力量不同的风合力作用的结果，或者更为恰当地说，是一股占主导地位的风受到另一股间歇性的、风向稍有偏差的风的自然阻力而形成的。我们兴许会将纵向沙丘描述成新月形沙丘在某一边缘溢出，延伸至顺风坡，并在偏离主体坡面一定角度的位置上又形成较小的坡面。交替风向会形成线形沙丘。多方向风则会形成星状沙丘。）

新月形沙丘是一种典型的沙丘，体现了沙丘形成所需具备的普遍条件，但是除了在大规模的沙漠区域，我们很少看到纯粹形态的新月形沙丘。我们发现这种沙丘在某些区域如欧洲海岸背后的辽阔地带，在形态上会经历更多的变化。其中一些变化是外部阻力——除露水、可能的植被、动物如我们自身以及不定向风以外，还有海水的因素，但是很大一部分因素仍然是造成其形态的作用力的延伸。通常来说，沙丘的形态受到其相邻沙丘的存在及其特征的深刻影响。这些沙丘将以极大的影响力改变当地的决定性风向。沙丘对其所处环境及其相邻沙丘的反应非常敏感。

沙丘的种种特征与人并不相同。沙丘通过聚集结合在一起，从分析层面而言，它又保持一种简单的三层聚合体系。它不是一种有机体，没有思维。沙丘不可能与人的特性相类比，只是因为它缺乏任何一个人所必需的意识。因此，我们必须直击其核心之处。不必将沙丘与个人进行类比，而是将其与人类意识本身的某些特性进行比较。

沙丘的显著特征包括：（1）在有限却持久的生命周期里，沙丘具有持续性，但是一直处于不断变化之中；（2）这种过渡性身份在于其单一的结构（其结构可分解为大颗粒基座、成角度的顶层、软区以及硬区）；（3）在这一结构中保存着沙丘自身历史中内在的、有选择性的记录，即分层——尽管这并不是我们所称的"记忆"；（4）这种分层结构也是沙丘保持当下稳定性和牢固性的一个盔甲，其牢固性正是它能经受检验，幸存下来并保持现状的条件之一；（5）沙丘会对其相邻沙丘的存在和形态做出回应；（6）但是同时也反作用于其自身，风是沙丘本身形态的缔造力量，而沙丘反过来也会重新引导风向。

我只希望这一类比能够在叙事背景下带来些许回响，犹如雄蜂的嗡嗡之声，除此再无他求。同时我想记住意识的这些特性。

三

"这（稳定的分层）并不是我们所称的'记忆'。"我急于撇开对记忆另做一番综述，但是显然有关记忆、错忆以及遗忘的问题必将产生。假如要对记忆这一主题做些约束的话，那么这里需要声明一两个前提。其他前提条件将在后文中自然而然地提出。

虽然记忆资源并没有因为我们蜷缩在壁炉角落里回忆往事而逐步形成，但是在回忆过程中重新组织事物的能力会得到提高。对于我来说，为了更好地叙述记忆，似乎应重视记忆活跃且具建设性的特性。也就是说，记忆不是一种静态的，甚或衰退的档案记录的参考——我们是通过档案来查阅我们的过去——相反，需要对记忆进行积极的更新和修正，以此来提高我们的认知。事实上，回忆某事兴许是在篡改记忆。回忆时，很大程度上是在反省自己，是一种自我修正，严格来说其目的并不在于重现过去的事实，而是改善我们当下的行为。

借沙丘来象征记忆，其优点在于它显示了往事的活跃存在状态——以分层来显示——同时又允许暂且搁置人类记忆这一观念的特殊复杂性。尤其是它鼓励我们在不引发争议的前提下，有时可以忽略当下"断片式"和"类型化""程序化"以及长期记忆之间的区别。

我想要的通往讨夫的入口包括断片和类型以及技巧，它们之间依赖性极强，因而无法总能保持它们之间的差异。

另一方面，本书的一个兴趣点是探究一次性事件的一次性经历所留下的断片式记忆和对于某事的重复经历所获得的不断类型化的总体记忆之间的差异是如何相互作用于彼此的——记忆类型化之后，单一事件的记忆逐渐模糊并且可能与其他事件的记忆相互混杂，抑或一次全新的经历引起一个成熟概念重新进行修正。

我并不认同某些文献里常主张的一种观点，认为当我们回忆往事时，我们是从一个外部视角来审视我们的自我。我的经历告诉我，记忆往往不是直接关涉自身，而是关于我们是如何理解或感知自我：自我的足迹。自我身份是经由记忆传达出来，而不是简单地描述出来的。

第二章

幼年故事

一

我早年的个人记忆是松散的，人生最初六七年的记忆（据我了解，这段时期我是在南威尔士及其周边地区度过的）与其说少得可怜，还不如说杂乱无章。我不知道最早的记忆是什么，我也没有理由去记录四五岁之前的断片式记忆，尽管也会有一些类型化和程序化的事情。我能想得起来——匆匆一瞥、缥缈的记忆——十来座家人和朋友的房子和两所学校——格兰尼纳特小学（校长：莫迪凯小姐，为人和善）和兰达夫教会学校（库姆斯先生是一个会鞭打学生的人，尽管我没有被他抽过）——我戴着一顶"栗色的"帽子，穿着一件"栗色的"运动上衣，独自坐公交车去兰达夫教会学校上学。我之所以给"栗色的"一词打上双引号是因为我对帽子和运动上衣并无视觉上的记忆，但是我记得别人对我说过的话，并确信从中可以得到类型化的记忆——出于某种原因，在我家起居室里，这种让人失望而又难以描述的颜色被称为"栗色"。换言之，关于运动上衣的记忆是间接的。

关于格兰尼纳特小学，我印象最深的是装有大玻璃窗户的教室、早间休息时喝牛奶及冷冰冰的牛奶瓶，以及听说一个小孩子在学校附近的野地里被谋杀的事情。同时，我还在威尔士学会了主祷文，我仍记得其中一些内容，鹦鹉学舌般不求甚解。关于兰达夫教会学校，我还记得有一间黑漆漆的教室、操场一角——我就是站在那里投出了一个漂亮的九十码远射并因此获得了有生以来唯一一个运动奖杯，一个类似银质的奖杯，以及偶尔我会走路回家，省出公交费来买糖吃。这一路需要穿过恶毒的兰达夫北方帮的领地，据传言这一帮人的业余消遣是同性性交，这是我第一次听到此类事情。我在这两所学校大约都待过一年，上述内容几乎是我能记得的全部了。

（不过，我刚才如此积极地尝试回忆使得记忆产生了一些萌动。我想起或者脑中浮现出一幅关于肮脏的黄色绶带或者穗带的图像。我想栗色运动上衣也许有黄色的修边，但是我无法根据记忆具体说出它是如何修饰的，根据我对运动上衣的经验，即运动上衣很有可能饰有穗带，就此推断出昔日所穿运动上衣的样子，尽管我当下就开始为此庆祝一番，但是这种记忆类似于二手记忆。）

我对那时期的一些地方和风景有种强烈的感觉，但是却很难具体描述，它似乎常常表现为某种氛围或者天气，抑或可能表现为一个几乎非客观画作或者图式里的一系列特定色彩，而不是一种图像。康定斯基的一些绘画作品让我回想起了这些图式。当记忆里出现一个清晰或者至少鲜活的图像时，它往往是一处细节，如一节喜爱的漏水的蒸汽管道。这节管道留在心中的清晰印象会使人将注意力从它的整体外观，即由砖头、金属壁板、管道里的水、其他管道、空隙及蒸汽等我无法按次序罗列的一堆混合物上转移开。

假如我必须举出一些人的话，我想我能罗列出一两百个人，或许更多，尽管我并不能一一记起他们的名字。我只记得少得可怜的几件真实发生的事情，并且大多数事情都是通过复述得来，无论是通过我本人还是由其他人转述而变得不纯粹了。有一件事情，我确信是来自我的直接记忆。有一年冬天，花园尽头的一段围墙在深夜里倒塌了，这事能给我留下印象主要在于责任判定问题——在厨房里讨论过——霜冻原因占几成，野地里一匹马倚靠围墙睡觉对它倒塌又得负几成责任——一个有趣而又无解的因果问题。

有些看似最为可靠的记忆是关于某种精神状态或者在某个特定

场所发生的心灵事件。花园的某个角落——我仍强烈感到（而不是看到）是在某个傍晚——是我对死亡这一现实进行思索的地方，这一点我感到非常确信。兴许是当时在某个场合遭遇某人处于弥留之际，于是有人告诉我每个人都会死亡。我接受了这一事实，但是同时非常清楚自己不会死：别人也是这么告诉我的，对此我并不担心。我想有个原因可以很好地解释这一矛盾之处，我的出生属于基督再临［the Second Coming］，此前我听说过有这么一回事，但是那时我有个缺点，有时我会撒谎，而基督显然不会。我不记得自己是否克服了这一缺点，但是我特意为此进行了祈祷，而我不能完全确信能否在规定时间里摆脱这个缺点。这是一段真实却淡漠了的记忆，部分原因可归结为此后祈祷又持续了好几年。然而，它是一段特定精神状态下在特定地点的记忆，在不同时机又以别的问题出现。

记忆中大街上朋友和敌人兼而有之，这是当然的，街道尽头的巫婆之家、梦寐以求的属于别人的自行车以及诸如此类的事情，日常让人兴奋之事如沃尔家骑三轮车卖冰淇淋的人、山后和远处郊区的神秘之地，而这种神秘感是由不同颜色的公交车沿着大街，经过不同的山谷一路向北驶向加的夫［Cardiff］引发的——无疑都是一些寻常之事。然而，我早年的记忆主要还是对我们家庭生活强烈又普遍的认识，同样关于这一点，我并不信任自己的记忆。

我们住在惠特彻奇［Whitchurch］，这是加的夫市北部郊区的一个城镇，我父亲在镇上一家博物馆艺术部门工作，我记得家里的社交活动非常频繁，总是有客人停留，较多数客人是为赴家宴而来，现在我可以说这些客人——除家人以外——主要分为三类，但在当时我是无法进行明确区分的。

其中一类是贵格会社区［Quaker Settlement］的居民，并不是所有居民都是贵格会成员，但是他们积极筹划在社区为南威尔士的荒原之地提供教育及其他援助之事。（顺便，开开上级的玩笑总是很容易——比起陶瓷课程或者有关后印象主义的讲座来，失业矿工和钢铁工人更为迫切需要的是其他东西——不过我会为此进行辩护的。抛开当时南威尔士所处的悲惨境况不说，几乎任何善意都有其价值所在，陶瓷艺术和塞尚是陶艺家和我父亲能够实实在在提供的东西。除此以外，还有其他一些互换：或许社会居民比起矿工来能从中学到更多东西，但是正是这种接触——尽管我现在仰仗的是后来一两个人所提供的信息——促使那些涉及人员对政治产生了终生兴趣。）事实上，我对其中一名贵格会教友的记忆最为深刻，兴许是因为我和他在一起时感到很不自在，同时还因为不久之后他就自杀了，这是我认识的人当中第一个自杀的。这位教友名叫 P. 吉姆，是一个易怒的唯美主义者，管理离加的夫不远的一个社区。他另有一幢农舍式小别墅，坐落于往西方向更远的海岸上，我们中有一个六人组成的团体会去威克［Wick］的木匠阿姆斯酒店［the Carpenters' Arms］留宿。

　　另一类不定期访客是一些同样具有极端嗜好的上门表演者。其中我最喜欢沃尔特·威尔金斯［Walter Wilkinson］，一个主张和平的木偶表演者，一个弓背但温和的人，为了和平事业，他历经磨难。我记得母亲曾经告诉我（仍然是在厨房，我似乎记得很清楚），在战争期间沃尔特"被强制喂食"，这一说法让人联想起一幅丑恶的画面，只见一群粗脖子的看守拿着一根类似软管的东西，背对着我们，而沃尔特则被他们的身体挡住了。相比之下，我就不怎么喜欢休·麦凯［Hugh Mackay］，他是一个来自赫布里底群岛的民谣歌手，披着一件带风帽的斗篷，他叫我"小弟弟"。他和一个名为艺术服务联盟的流动社团一起工作，这一剧团正合我父亲的思想情趣。我在一本书上看到有关他们的介绍，其全部演出剧目涵盖范围很广，从托马斯·哈代的《群王》［The Dynasts］到音乐厅的一些独幕剧。我并不记得看过他们的演出，然而我确实看过并记得沃尔特表演的某些断片。他们有时候会在房子附近转悠，其中有一个络腮胡子的钢琴演奏者，我想他叫奥尔洛夫［Orlov］以及其他人。

第三类也是人数最多的一类，便是"艺术家"。我父亲因为职业关系，会与各种不同的艺术家打交道，但是我只记得他们中的五六人，这些人经常拜访我家。陶瓷家迈克尔·卡迪尤［Michael Cardew］，我就是以他的名字命名的。迈克尔是我父亲的发小，他是一个相当与众不同的人。他也来我家做客，但是我对他的记忆主要是一次拜访他位于温什科姆［Winchcombe］陶器作坊的经历，我清晰地记得旅程中的某些断片。我对造访艺术家的印象远没有对物什和活动的印象深刻，那些物什包括各种纸张和颜料、尖锐的雕刻工具、难闻的墨水、毛绒布和粗糙的丝绸、装满化合物的水盆等，仿佛就是日常家庭用品——多数是施釉陶器，但也有木质的燕麦粥碗和木勺等的延续，让人（我感觉）毛骨悚然，另有廉价但技术上有所改进的烟灰色捷克玻璃杯、食用沙拉时所使用的筷子等。某些感觉是关于社交活动的——访客帮忙混合或切割材料、画画或充当模特、对物品或者书籍进行评头论足：斯特拉文斯基［Stravinsky］或查尔斯·德内［Charles Trenet］的歌曲在玫瑰刺般的唱针——我不能用它来削尖我的那些小玩意——的留声机上播放着。触觉和嗅觉变得与听觉或视觉一样忙碌起来。

我如此简短地讲述了我所能记得的发生在家里的事情，尽管我可以继续罗列。不过在此我有必要插入一个特例，一个很特别的人物，他就是我的外公。他没有来过我家，不过住在离我家一二英里*远的地方，平时都是我们去那里看望他。我母亲家庭的双方亲属都来自于卡马森郡［Carmarthenshire］的山地农业宗族，但是我的外公却是一名牧师。尽管我从母亲那里听到很多有关幼年时期在朗达山谷［Rhondda valley］的旧事，但是事实上我是听着一整套流传下来的关于托尼芮菲尔［Tonyrefail］矿区山村的神话故事长大的，那时外公

---

*   1 英里 =1.609344 千米

的教区就在加的夫，当时这里是一片面积辽阔的杂居地区，从兰达夫偏南地区向外延伸，向下穿过铁路，直至各个码头，一个拥有三名牧师的贫困教区。坎顿［Canton］的维多利亚教区几乎与我们家小房子一样，留给我强烈的印象。外公为人直接、秉持善行，其道德魅力对我而言无以抵挡，他与惠特彻奇的整体气质格格不入——至少我有这种感觉。

我所提到的所有人和物无疑都是真实存在的，但是我并不十分确定二者之间的平衡关系。尤其是我是否将单一事件记成了重复事件，歪曲了事情发生的频率？我们家人单独相处的时候肯定是有的。我怀疑我把一些一次性事件记成了常事，或者至少给予它们过多的分量。现在对所有这些事情进行一一核实已是不可能，既然如今已然是一个失落的世界，这个世界在 1940 年时就已经分崩离析了。那时我们离开了那幢房子，然而还不止这样，父亲改变了对战争的看法，随即加入了空军，从此他失去了很多朋友，我依稀记得在楼上自己的卧室里听见他们为此事大动肝火。（我发现能在自己的卧室里清楚看见两样东西：父亲将整个房子粉刷成以秀丽世界风光为主题的饰带，我能在房间里看到其中一部分；天花板上偶尔出现的光影，透过窗帘间缝隙斜射进来的夏夜的灯光把过路者的身影在天花板上拉得很长，忽闪忽闪地跳动。）战后社会环境再也没能恢复过来，此后的岁月里，父母几乎没有意兴去谈论此事。当然，从另一方面来说，我可以确定关于惠特彻奇的真实记忆不会晚于我七岁生日时。

令我感到失望的是浸染于这一文化里的物品所携带的时代气息如此微弱，它们触动的记忆又是如此微乎其微。我有一些当年的家具、锅盆和其他此类东西，一些现在已经不能播放的贴有标签的醋酸纤维黑胶唱片，我实在不忍心扔掉它们，还有一些当年家里的画作，包括一张习作，由威尔士画家赛瑞·理查兹［Ceri Richards］（一个邻居）画的我母亲在家里起居室里阅读的情景，但是这些东西并没有如我所愿带有那个时代的气息。我还有好几百张照片，这些东西是切入现在准备面对的问题的一种途径。

二

父亲在家是一个活跃的摄影师，除此以外，他还热衷其他事情。在我小时候，他亲自洗印照片。他把一些照片放入封面标有时间或地点的相册里，注上说明文字和日期，一些照片则装到一个综合性的档案盒里，其余一些照片，尤其是那些带有摄影抱负且装裱好的照片则归入他的个人作品集里，有时候他会展出这些作品。作为家庭的某种记录，我们都习惯时不时地翻阅这些照片，对其中一些照片相当熟悉。父亲晚年时，开始对这些照片进行大规模的清理，我不清楚他是基于什么原则，这次大清理后，他只保留了为数不多的相册集。我们记得的很多照片从此就消失不见了。

现在我要提及蕾娜特［Renate］，这样我就有办法表达自己的想法了，不管怎样，我都乐意谈及蕾娜特。1937 年，即我四岁时，蕾娜特从德国来家里照顾我，并住了十二个月。当时她二十四岁，是哈雷市路德教一个牧师的女儿，是我外公的一个亲戚。（日期并非源自我的直接记忆，不过已由外部资料得以证实。）这段时间里，母亲曾一度长时间不在家，住在私立产科医院里，当时她正怀着身孕，后来得知是一对双胞胎；与此同时，父亲长时间发烧，原因不明，有一两个月的时间一直住在一家隔离医院里。（极少是直接记忆，大部分是后来从他人的转述中得来。）家里有一个白天班的女仆，也会有一些顺道拜访的客人，但是我和蕾娜特无疑变得亲近起来。后来在 1938 年时，她又回到了萨克森［Saxony］，但是她和母亲一直保持着书信往来，直到战争爆发，她们之间的联系才中断。然而 1996 年时，我收到一则有关蕾娜特的消息（通过《法兰克福汇报》编辑部的工作人员），她希望能够与我取得联系，于是我在哈默尔恩［Hameln］给她写了一封信。现在她八十三岁了，而我也六十三岁了。在她最后的回信——几千字的信笺中，她叙述了自己 1938 年后的生活——详述了在我父母家临时帮佣的经历，此后多年里，这段经历一直是她精神上的正能量，在时运不济的岁月里，我家或许在她心里是一处避难所。1940 年得知这一切都将结束时，她感到分外沮丧。她原本是想通过报社取得我的地址，如此便能将当年我父亲拍摄的一打家庭照片寄给我，她认为我有权收回它们。现在，她随信一起寄给了我。

终于该我表达自己的想法了。这些照片中有一半是关于我和蕾娜特的，之前我就看过——沿着格拉摩根郡运河［Glamorganshire Canal］散步，在彭布罗克郡海岸［Pembrokeshire coast］洗澡。这部分照片，我很熟悉，是"记忆"中愉快的一段岁月。其他一些照片——其中半数是关于母亲穿着一件精心刺绣的短衬衫（来自德国？蕾娜特送母亲的？）以及房屋内景——是我之前没见过的，面对它们，我感到有些畏缩。我之前拒绝面对它们，现在依然如此。照片中的人一定就是我母亲，尽管我记忆中母亲从来不是照片中的样子，也不记得她穿过那样的刺绣短衬衫。照片中的一些细节让我确定其中有两张拍摄的就是家里的起居室，起居室空荡荡的，令人感到毛骨悚然。这些照片对我而言完全陌生且唐突，像是某个冰冷得无法栖身的平行世界。我不愿意在这些照片面前妥协，此心虽切，但事与愿违。

如果对过去的感知让我无法接受这些之前从未见过的照片，那么那些我熟悉的照片在构建或有选择性地维持我对过去的认知上，究竟扮演着怎样的角色？这个问题就不仅仅只是关于家庭照片了。

它不仅在于我们记住了什么、忘记了什么，而且关系到我们是如何改造了记忆。就自我意识而言，这里至关重要的一点似乎是整个记忆过程的自反性。我发现这一点很难用言语来描述。在风的影响下，沙丘的形态会不断发生变化，而这在一定程度上也会改变风向；反过来说，沙丘的形态部分是由风过往的经历缔造的。从一定程度上来说，回忆媒介一定是记忆行为对象递增的产物。意识具有某种特性，一部分是源于其过去的经历，一段特定的记忆是一种由当下经验意识引发的构建行为。这种构建首先依赖于对留存下来的线索的选择，接着在整理所获得的线索过程中加以完善。关于我们早年生活最鲜活的记忆很有可能是那些我们过去常常进行自我解释的东西——即使我们现在兴许不再如此直接地利用它们，正如我们所学的代数那样。

在这里我还应该介绍一下少年幻想对记忆的促发作用。我记得别人告诉我一些往事，尽管这不是来源于我的直接记忆，他们说我小时候会编造一些常见的有趣的事情——虚构的朋友"我的妹妹南希"和题名为《琼斯船长的小船》系列叙事诗，我将这些故事口述给我母亲听，并为此作了插画。天知道当时后弗洛伊德叙事诗已悄然兴起，并且受到以下观念的影响：我无可追忆，尽管我知道应该去回忆。然而，眼下的问题并不在于纯粹的幻想，而是在幻想中渗入了真实的事件且一并回想起来。我不知道这始于何时，但是可以确定的是我记得五岁时自己便是一个非凡的幻想家了，而这在断片式的记忆里发挥着颇为复杂的作用。我想在我十三四岁时，这类幻想才枯竭或者结束，在这之后我体会到一场有意识的青春期斗争，然后与某种现实达成某种程度上的妥协。我会在后文中谈及这一点。

承认臆想（或者至少想象）各种事件，并将这种臆想视为记忆，似乎是有必要的。作为那个时期的加工品，臆想有其自身的真实性，如同自我的档案；臆想在没有现实施加各种压制和限制的情况下，兴许更能强烈地投射自我。并且，臆想内容也是记忆的一部分，当我们对当时发生的真实事件进行自反性修正时，它会发挥一定的作用。正因为如此，它以某种深层方式与真实事件交织在一起，且往往难以区分虚实。我想虚构情节具有一些警示性标志，比如叙事优雅，尤其是结尾部分充满趣味性，有时候对话的临场效果，当然还有我本人的登场都会从一个好的角度来着眼。

我会以一则长断片或者组合式断片来表明这一点，其中在《记忆断片》第一部分，我会尽可能叙述真实事件，而第二部分，我确信是臆想的，但是它早已在记忆中根深蒂固，因此对于我而言，它具有真实事件所具有的分量和影响力。

三

1940 年夏末或秋天——在我们家房子最终租给法国自由军〔the Free French Army〕之前一段时间——我和母亲、家里的帮佣卡丽、两岁的双胞胎妹妹去了威尔士中部的拉德诺郡〔Radnorshire〕。我们住在一个农庄里，就在大战爆发之前不久，我们曾在这里度过一个短假。这里属于偏远的高地地区，山地起伏，四周随处可见山涧和悬崖，深绿色和浅棕色的岩群密布，部分荒野用以喂养羊群，另一部分则用作耕地和牧场。石砌的农场面积不大，但条件并不差。一些农庄自立门户，而另一些则聚集成村庄，我们就住在村庄一户人家里，这家人的房子位于村庄的一个岔道口，对面是一片高低不平的绿地，绿地上有一个饮马池。

出于某种原因，我没有在村里的学校上学：当时的一切都是临时性的，勉强维持。我有大把时间。收割时节我会帮忙干农活或参与其中，包括后来其他一些农活，尽管没人要求我这么做，甚至他们认为我与生俱来就与这些日常之事无关。而给奶牛挤第二次奶或者解马具，那都是晚上的事情了。很快我对炼制黄油也失去了兴趣，尽管现在新鲜的咸味和乳制品的冰冷温度都会勾起我的思绪。当村里孩子不上学时，我可以和他们一起厮混，我也确实那么做了，但是即便如此我还是感到局促不安。他们懂礼节，允许我参与夜晚在城堡土堆周围进行的战争游戏，但是我不属于他们这个群体，我们彼此对这一点都心知肚明。

紧邻农庄，跨过一条小溪和小桥是乡村木匠的工作坊。木匠为人和善，络腮胡子，一条腿瘸了。他经常出去做些零活，但是只要他在工作坊，和他聊天便是主要的消遣。（还会发发牢骚，比如电动带驱动的锯子、手感粗糙的锯屑、灰尘吃得比饭还多以及突如其来的干燥天气等，种种关于听觉和触觉的记忆印象深刻。）兴许他是一个由于工作性质而离群索居的人——我突然想到一点，或者因为他也是一个外乡人——所以他热情地接受了我的陪伴，自然他也非常有耐心。他会时不时地带我去偏远的农场做差事。我们开着侧三轮摩托车赴差，木料和工具放在深红和铬黄相间的边斗车里，我坐在后座，碰到一些崎岖绵延的路段，我便下来步行。（我对冷杉林斜坡上的一座石砌农庄留有印象，但是其中带有笼统、不真实的成分：事实上这座农庄的外观可能是我以日后在德比郡见过的一个农庄形象为原型而臆造出来的。）

有一天早上，我正和村里那帮孩子一起在村庄附近的一条小路上闲晃，这时一个不同寻常的人出现了。起初我以为他是流浪汉，但是显然这帮当地男孩都知道他是本地人。他们开始嗤笑、挤眉弄眼，发出荒唐的喧闹声。这个男人拖着脚，快步走来。他拿着一个篮子，朝小店走去。当他走上前来时，眼睛坚定地看着前方，完全不理会我们。我见他样子邋遢，头发和胡子想必有些年头没有修剪过了。他穿着一件污迹斑斑的花呢西装，里面还配马甲背心。（或者是我觉得他穿了一件马甲背心，不过兴许是因为这是普遍正装的标准搭配吧。）十年前，我站立的地方距离目睹的场景最多也就十来英尺 *。这并没有使我的记忆更加清晰，也许恰恰相反。

---

*　1 英尺 =0.3048 米

这个男人动作僵硬地从那帮男孩身边走过，他们立刻变得鸦雀无声，目不转睛地盯着他。这时一个男孩从坐着的甘博车——一种二轮货运马车——上跳下来，捡起一块小石子，朝他扔了过去。石子打在这个男人的后背，并无大碍。然而他停下了脚步，转过半个身来环顾四周，同时他弯腰举起一只手臂护住自己的脑袋。他保持这样扭曲的姿势有一会儿，好像在表演一出恐惧或者受辱的哑剧，接着他又拖着步子继续朝小店走去。

我怔住了——被这种嘲笑和出其不意的扔石头行为，以及这种兴许尤为煞费苦心的弯腰屈背动作撼住了——但是我一言未发。男孩们解释道，这个人叫戈德温，是个疯子，住在南路口那幢白房子里。我依稀知道白房子是对附近一带一所房子的托词，它是这个山区农场里一个怪异的存在。前不久我还曾独自去过那里。

不久之后，我便问木匠有关戈德温的事情。这时我才知道这是一个令人悲伤的故事。戈德温的父亲曾是小镇上的一名律师，退休之后便住在白房子里，他是一个学识渊博的人，有一间很大的藏书室，人人皆知。戈德温自身在某些方面有些"虚弱"。所以这个独生子大部分时间都在家中度过，直到长大成人。他从未真正离开过家，尽管可能会去某个地方接受短期但无疗效的治疗。当他父亲母亲相继去世后，便只剩下他孤零零一人，随即甚至连他父亲雇用的两个仆人也走了。当然，他父亲一定给他留了一笔钱，但是房子和花园开始衰败。如今戈德温闭门不见任何人。每隔几天他会拿着一张手写的购物清单，步行到村里的商店买东西。他会说话，但是当别人试图与他搭话时，他几乎总是沉默不语。于是大多数本地人便再也无心与他搭话了，慢慢地，他几乎沦落为村里的笑柄。木匠从心底觉得他是一个隐居者。

现在有人可能会说，我想自己当时也有这种感觉，认为戈德温是夹在两种不可调和的社会模式中一个特殊的受害者。起初他一定是在一种外国模式的中产阶级的爱护中长大，落下了残疾且与外界隔绝，接着被遗留在这个不相宜的乡村里，而这个生存环境是不可能接受他这样一个受害者的。在一个缺乏以土地为基础的乡绅阶层的环境里，这一地区的事务很大程度上是由少数几个庞大且不断壮大的自由农场主家族和一种以宗教派系为框架的排外团体所构建的重叠式体系控制。他显然没有任何机会融入其中。

我对戈德温充满好奇。他整天在那幢大房子及其附近都做些什么？他会在父亲的藏书室里消磨时光吗？他会想念父母吗？过着隐居者的生活，必然会让人伤怀吗？似乎也没有理由认定如此。然而戈德温的结局将会如何呢？——诸如此类问题。这其中想必有自我投射的成分。

一天下午，我打算潜入白房子内部看个究竟，当时我并不觉得这是一件多大的事情。我原本可以轻而易举地从未上锁的侧门，甚至从半开的大门进去，但是我记得自己费了好大的劲翻越了一堵石墙才爬进去——也许我认为这才是符合私闯民宅合理的程序。院内无人打理的树木和疯长的灌木丛是极好的掩护，我轻而易举地摸索到了行车道边缘，旁边是一块杂草和车前草蔓生的区域，显然这里以前应该是草坪。在斜角处，大约三十码*远的地方有一处低矮的平台和屋前花园。这是一个带有乔治王时代艺术风格的亭子，其面积在别的区域兴许都可以作为教区牧师的住宅。墙壁是粉刷过的，以前可能是白色，现在变成不匀称的浅灰色。再远处一端是石砌的扩建部分，用作马厩和其他实际用途。

那天绝对什么都没有发生。我没有看到戈德温，故事的结局就是如此，实情也是如此。然而戈德温的形象一直萦绕在我的脑海里，在接下来约莫五年的时间里，我有时或者好几次似乎对这个故事进行了投射，以进一步调整我对他的认知或者其他什么。就在刚才当我谈及这一点时，这种事情就发生了，这点我很确定，尽管我并不试图套

---

*　1 码 =0.9144 米

用这个术语——意识——来表达我的这种行为。接下来的两页内容实际上根本没有发生过。

这样说吧：沿着行车道稍走一小段路会看到一棵中等大小的雪杉，它有着很容易攀爬的平直的树枝和安全栖木。从树上这个角度观察房子，视野极佳，树下摆放的柚木花园椅子，在视野上与树上无异，这就足以说明这一点。我躲在树上时，曾一度觉得自己看到有人在屋内一扇窗户下走动，起初不是很确定，后来就确定无疑了。我变换了一两次观察点。真是一棵地理位置绝佳的好树。

这时，戈德温突然从房子里沿着行车道疾步走过来，同样拖着腿，步子匆忙，我还没看清他，他几乎就到跟前了。这下场面陷入尴尬中。但是戈德温并没有大吼大叫。他走过来，坐在树下的花园椅子上，呆坐在那里，一言不发，似乎在看那幢房子。好几分钟过去了。

你是谁？他终于开口说话了。（故事进入对话阶段，我就任由其发展了。）他仍然面向房子。

我告诉他我的名字，除此以外，我不知道还能做什么。

村里人？他问。

我住在村子里。

那么就不是本村人了。

接着便是一阵沉默，似乎有必要打破这僵局。

我们来这里已经好几个星期了，我说。

住在新农场？

是的。

我们俩大声说着话，我没有看他的脸。他的声音很温和，但是有些沙哑。

村里人跟你说过有关我的事情吧？

他们确实说过，我说，他们说你喜欢一个人待着。要是我打扰你了，我很抱歉。

戈德温轻轻地摇了摇头。

他们会这么说。毫无疑问，这类事情是该让人知道。

接着他突然大声宣布：但是你了解你自己，你的自我会变得更好，既然别人不了解这些。是的，我的意思是说，假如外人不了解你，而你了解你自己，那么你的自我就是强大的。

他没有转身，一只胳膊搭在椅背上。

你喜欢桑葚吗？他越发心平气和地问道。

是的，很喜欢。

南边行车道那边，黑刺李树后面有一棵很好的桑树。下次来这儿的话，你从左侧进来。

他从长椅上站起来，终于抬起头来看了看。

放开肚皮吃吧，他说。说完他转身要走，又停顿了片刻，补充说道：在黑刺李树后面。

然后他急促地穿过草地，绕到房子另一头去了。房门关上了。

我原地一动不动地待在雪松树枝上。戈德温抬头往上看，一脸困惑。在蓬乱的头发和乱糟糟的胡子之间，我看到一双坚定的浅色眼睛，一张赤红的噘起的嘴唇，这个男人看上去十分苍老，同时肯定又年纪轻轻。

当我终于从树上下来，堂而皇之又一本正经地沿着行车道离开时，俨然一副从某个正式场合起身离开的架势。我特意恭恭敬敬地绕到黑刺李子矮树丛前，欣赏了一番这棵桑树。它就在那里，品种极好，但是鸟儿们已经在啄食桑葚了，并引来一群黄蜂。我折回行车道上，从大门离开了花园。

以上所述并没有真的发生。它是我当下杜撰出来的，基于此事六年后某个时间写就的一篇记录翔实——根据记得的内容——的旧文。有一事极具虚构特征，那就是关于戈德温，我至少还有一个可供选择的版本，在这个版本里，我跟随他走进房子里，看到了他父亲的藏书室，我脑海里关于这一场景的画面极为逼真。事实上在我们离开村子前，我再也没有见过戈德温，但是他时不时地会出现在我的脑海里，一部分原因是他的形象依附于我对一个词的理解，即"意志消沉"——这个词常常在一种令人困惑的语境中出现。我想曾经有人对我说过一句话，这话听起来像绕口令，"假如外人不了解你，而你了解你自己，那么你的自我就是强大的"，或者类似的话，我把这句话粘贴在了戈德温身上。

四

我对 1939—1945 年战争的记忆是一种全然事不关己的旁观者的印象。奇怪的是，我仍然感到被这场战争打垮了。早在 1940 年秋天，我在屋后蕾娜特所住的房间窗户往外看，只见加的夫码头和我外公布道的几个教区遭到突袭后起火燃烧，但是在我记忆里那只是一件让人兴奋的事情，如同放烟花一般。终于在 1945 年 8 月，广岛被炸的消息传来，我看到一群神情震惊的后勤人员在马洛附近我们的房子里开会，于是我溜了进去，但是那时我并不能理解这次大爆炸是什么，又意味着什么。我能回想起在此期间发生的很多事件，但是我缺乏对现实的理解。我躺在马洛旁边的草地上，兴致盎然地看着滑翔机被牵引到某地的一个屠宰场——我想那个地方不是阿纳姆［Arnhem］，我躺在那里似乎足足看了数小时。我想我记得，事实上我的确记得当人们听到 V1 飞弹——它们会直接从天而降或者向前滑行一段距离——引擎切断的声音时，他们会拼命寻找藏身之地，以躲避爆炸和玻璃震碎带来的伤害，但是这方面的切身经历少之又少，因为我从来没有遭遇或者目睹过诸如残肢、疼痛以及悲痛等场面。

1941 年初，在戈德温插曲后不久，我被送到切普斯托［Chepstow］

附近一家寄宿学校读书，浑浊的瓦伊河［the Wye］从这里流向赛文河［Severn］。这是一所讲究礼仪、注重人文的学校，这类学校向来如此，而这所学校最糟糕的一点，我只能说是他们对骑马一事太小题大做了，自此之后我便要与这些自己不喜欢的动物交涉一辈子了。（骑马方面的严肃事件是：战后校长仍"痴迷马经"，他的儿子在盛装马术或者综合全能马术表演等诸如此类的比赛中获得过三块奥运会金牌。）我在接下来的五年内一直就读于这所学校。很快我母亲和妹妹们从南威尔士搬到了父亲的工作地附近居住。父亲就职于位于麦德门汉姆［Medmenham］的英国皇家空军照片判释处，该部门坐落于泰晤士河沿岸的马洛和亨利［Henley］之间。他非常适合这份工作，在这一职位上一直工作到战争结束。在大多数假期里，我都会与居住在麦德门汉姆的家人会合，但是慢慢地我感到和他们之间产生了距离。我的个人生活现在全都在切普斯托：我的老鼠、桑蚕和蜗牛；我在分配的小块园地上种植蔬菜以庆祝大战胜利；我对特洛伊人而非希腊人的帮派式忠诚；我精巧的或至少是热衷的燕尾榫木工活及其他木工房工作；我的亲密关系和防御关系。家依然亲切，同时又是缺失的，但是它让我感觉那是过去时代的一个幸存物。

显然从 1941 年到 1946 年，也就是我七岁至十二岁期间，我能回想起很多事情：对于事件、人物以及地点的模糊印象常常与反复发生的事情或者边界已然模糊了的不完整事件［semi-incidents］和心绪交织在一起。

我最清晰的记忆是那类忧郁的小插曲。有一次我从马洛返回学校的途中，由于空袭，布里斯托［Bristol］沿线的火车遭到了破坏或者被迫改变方向。我孤独一人站在黑暗中的赛文隧道枢纽站的站台上，此时的火车站像是被上帝遗弃了一般，冷清又凄凉。还有一次我作为记分员，与校板球队一起参观格洛斯特郡［Gloucestershire］的一所学校，并在该校餐厅吃午饭，这里的午餐和总体风格都比我们那里好。另有一次我和五六个男孩被分到一幢偏远的附属宿舍楼里，小小的宿舍安置在村里的马厩之上，我用煤气暖炉加热晚饭时夹带出黄油面包：那真是满足的时刻。还有一次我向主路上行驶的美国货车护送队招手，希望他们能够扔给我口香糖、香烟或者一块盒装的 K 字配给物品——最终这些东西我一样也没收到，却收到了其他的一些东西。还有一次在星期天晨祷时，我饥饿难耐。布雷思韦特先生在布道时，一个热水散热器爆炸了，教堂监管梅杰大人勇敢地靠近爆炸物进行调查，他小心翼翼，一步一步潜近目标，他的手杖随时待命，布道还没完了地照常进行……我记得这期间很多诸如此类的小插曲。

其中很多插曲似乎都具有某种形式的影响。比如，一个极具影响力的插曲发生在切普斯托和麦德门汉姆两个世界之间的某一时刻。清晨，天还一片漆黑，附近我们熟知的树木密布的山丘就像是一座座乌黑团块紧挨着灰黑色的天空。车夫巴斯〔Bass，a 发短音〕沿着山丘赶着一辆双轮轻便马车，把我们两三人送到切普斯托火车站。对我们几个人来说，赶早班车去伦敦度假已经是寻常事。（此时这位马车夫赶着车，坐姿扭曲。我顺便提一下孤僻的巴斯，我和他关系并不融洽。我有机会可以定期骑骑一匹脾性暴烈的矮脚马。在车夫负责照看我们几个人期间，一次我骑着矮脚马跑到外面人来车往的大马路上去了。当时矮脚马的肚带松了，马鞍打滑，我几乎是头朝下骑着马慢慢朝前跑的，像马戏团里表演那样。当那畜生停下来时，我急忙将双脚从马镫上解下来，双手放了缰绳。事实上，那匹矮脚马就站在原地，但是松开缰绳的确是犯了一个根本性错误，当巴斯赶上我们时，他劈头盖脸冲我大吼了起来。同时，他认为我在准备马装束上过于马虎。）坐在双轮马车里的情景占据了我大部分感官体验，而这种体验都是看得见、摸得着的。其中我有种感觉是仿佛置身于一个有着低矮围墙的广场上，马车后面那扇可笑的小门紧闭，不禁给人一种既隐蔽又暴露在外的感觉。马车四围是一整套涂漆的木制品——低矮的车身、狭窄的座位、门锁以及黄铜配件——处处流露出节制格调，这些才是（依我现在的眼光来看）真正的文化产物。马车的每一侧都有一个大而细、转动缓慢的轮子，这两个轮子在遇到任何路面不平时都会轻轻抖动，在它们和谐的运转中，有一种让人神往的独立于彼此的特质。我很像这辆双轮马车。此刻马车带给我的影响是巨大的，但是我不知道这影响究竟是什么，何以产生的。我猜想这种影响与这辆轻便马车的平稳性有关，它表现出来的极度轻盈和平衡感，只要驾驭过它的人就会有这种感受。而这又让我想起自己身体严重缺乏平衡感，因为一次起因不详的发烧，我的身体便如此——事后经分析被诊断为轻微小儿麻痹症——这场疾病是我住在戈德温所在的村子时发生的。我重申一遍，我感觉自己似乎就是那辆双轮马车。

　　正是诸如此类的小插曲占据了我记忆的大部分内容，超过那些可述说的断片或可描述的日常生活。并且我怀疑这些小插曲是这两类方式中鲜活的元素。然而既然戈德温的断片注定是虚构的，现在我必须努力讲述一个长篇幅的叙事性断片。

五

　　夏夜很长，但是我们仍然要早早地上床睡觉，我就读的学校晚上七点半就熄灯了。在这个学校就读的某个夏季学期，可能是1945年，我和另一个可信赖的高年级男生多诺万（权当是这名字）被安排搬到一间低年龄男生宿舍里，这就意味着我们俩势必成为这群小男生的小头目。晚上小子们很快就睡着了，呼噜声此起彼伏，房间里闷热不堪。现如今的宿舍在熄灯后普遍会进行卧谈，而这种事情在我们宿舍里从没发生。我和多诺万一度打得火热，最近友谊的热度开始冷却。于是我养成一个习惯，熄灯后下床去厕所看一会儿书。那天晚上，多诺万丁在吸吮一块压缩牛肉块，发出很大的声响，我没有理会，拿着一本书下了床，我认定那本书书名是《阳光大道》〔The Broad Highway〕。

在去某个可容身的肮脏畜栏前，我朝窗外看了一眼黑漆漆的浴室。浴室窗户狭长、低矮、半开着，朝向原先的马厩院子。此时是晴朗的六月夜晚，安静得只听见夏虫的嗡嗡声。这样一个夜晚，倘若虚度，就意味着你将永远失去某些东西。生活在远处，在这样的黑夜里还把自己禁锢在屋内似乎是无法忍受且愚蠢透顶的。在这种念头的驱使下，我从低矮的窗户里爬了出去，到了外面的院子里——即便是穿着睡衣，拿着《阳光大道》一书，翻越这样的窗子也易如反掌——接着我迅速踩在灌木丛上，这里紧挨屋后的行车道，很少有人经过这里。

接下来的二十分钟，每一分每一秒都在发生变化。我毫无目的地沿着行车道外溜达，直到走到路尽头，我穿过行车道，只因前面再无路可走。接着我走进山毛榉林中，我们曾在这里用木棍和腐土搭建棚屋，沿着山毛榉林往下走，穿过前面的落叶松，然后快速横穿主路，来到金属栅栏和成排绿树围护的小牧场，此处除了一匹正在康复并接受观察的马儿，空空如也。远处我看到两三个老师正结伴从学校走出来，毫无疑问，他们是往一家酒吧去的，而校长正开着他的老"奥斯丁"轿车沿着主路快速平稳地行驶着。然而，这一路我并没有碰到熟人。

接下来要游荡到哪里，我心里完全没有主意。小牧场的下端还不错，但是并没有特别可去的地方，远处也没有有益于排遣情绪之处。小牧场的另一侧是一个带围墙的家庭菜园，越过一片小竹林便是一个游泳池，过了游泳池，可退回到玫瑰花园和学校正门。此时莫蒂默的故事浮现在我的脑海里。

莫蒂默是一个传奇人物，在现今所有男生还没入学前，他就被学校开除了。他搞破坏和过人胆量的事迹仍在学校里流传，并且每桩事迹都有细节，有确切的地点。其中一件经典的英雄事迹是某天夜里他从宿舍出来，独自一人在游泳池里游泳，完全无视学校的规章制度。他被逮住后，被狠狠揍了一顿。当晚这位大侠行经的具体线路，现在还时不时地被拿出来进行讨论，不过大多数人还是认为他直接从宿舍出来，越过学校宿舍一侧的操场，径直来到游泳池。

我现在突然想到一点，那就是沿着小牧场两侧和家庭菜园围墙的那条小路可以径直把我带到游泳池那里。我毫无目的地继续向前走着。然而当我来到游泳池时，已经没有必要去思考此行的目的之类的问题了。四周空无一人，结束此次行动明摆着只有一件事情可做，那就是畅游一番。我放下《阳光大道》，甩掉拖鞋，脱下长外衣和睡衣，身体放松了一下，进入水中。我游了一个常规距离，又安静地蛙泳返回，然后从水里出来，穿好衣服，拿上书本，湿漉漉地走回去。

回程要快许多，一路上我精神抖擞。我没有看到一个人，也没人看到我。我来到浴室的窗户底下，爬了进去，直接上了楼，中间没有出现任何意外。多诺万已经睡着了，于是我躺在床上，沉浸在自我满足之中。我敢肯定，在我读书期间没人做过同样的事情。这是莫蒂默敢干的事情：无上的荣耀。我在想是否叫醒多诺万，告诉他整件事情。一想到这，我立刻回到了现实之中。

事实上，多诺万不会相信我的话。我既没有物证也没有人证，我的头发甚至都还没有打湿。要是我现在突然对大家宣布，我在熄灯后下了楼，并且还游了泳，没有人会相信。我不是莫蒂默那种人，也不会让人产生这种联想。他们会以为我在撒谎——类似某种异常的斗志，挑战学校的明文规定。而且我细细思量之后，意识到这事无论如何都算不上是一件莫蒂默式事迹。我并没有像莫蒂默那样去谋划整件事情，它只不过顺其自然发生了而已。我并没有胆大到堂而皇之地下去，而是鬼鬼祟祟地绕远路过去，并且毫无疑问莫蒂默会直接跳入水中，欢快地爬游，而不会像我那样悄无声息地蛙泳。

不过一切都还好。接下来的几天里，我有几次试图告诉别人，但怕被人误以为我在撒谎，每每欲言又止。然而，之后我越来越不想张扬此事，更不愿意与人分享了。我知道自己做过什么，而别人对此一无所知，这成了我的一个支撑点。此种领悟成为我身心舒畅的一部分。要是现在告诉别人，便会毁掉这种心境。只有我自己了解的那部分自我给了我一种力量感。

六

诸如此类的事情（在脑子里一闪而过，还没来得及细细品味就悄然不见了）便是我自认为记住的往事。这就是我想诚心诚意叙述的故事。然而这故事里有多少东西是后天加工而成的？《阳光大道》过于巧合，压缩牛肉方块带有时代色彩，即使多诺万真的在床上吃过牛肉方块：诸如此类之事都必须从历史记录中剔除出去。文字呈现出来的心态，我相信多多少少是曾经有过的心态，但是它们经文字表述之后，更多的属于现在的心态而非过去。关于路线的叙述部分可能是从已知的与这一带地志相关的连续事件中推断出来的，尽管这种叙述必然只是取其概略。看见老师走出教室以及牧场的马儿甚至可能是另一场合发生的事情。其他所述内容的基本要点都是事实，这一点我很确信，比如宿舍、浴室、远足、莫蒂默的事迹、游泳以及保持沉默等。

这一断片是如何留存下来的？部分原因兴许可归结为它在自我剖析中扮演着可接受的角色。它不是英雄事迹，但是与其他面目不够美好的断片相比，它没有让人感到羞愧和不愉快，而那些断片有时仍然会使劲钻入脑中——尤其是那些不诚实、残忍或者懦弱的往事。我猜想在接下来的几年里，这件事情会时不时地被拿出来说道，因此从某个角度来说，它具有完美加工记忆的元素。当初对此事缄默不语在多大程度上受到虚构的戈德温态度的影响很难分说，尽管这的确有必要进行解释：那些早已忘却的大放厥词以及被揭穿时所受到的羞辱似乎更有可能是沉默背后的根源。

我将在接下来的章节中，重新提及这段叙事性断片在修辞上的特征。

（然而至此，我想从两个方面进一步卸下叙事的外衣。首先，我完全相信这个故事——我认为那是我重新感悟的东西——仍然是一些小插曲，一团模糊的印象或感受——那晚闷热的宿舍、透过浴室窗户看到的风景、夕阳下的山毛榉、水的体感以及某天早晨我在一间教室里思量着自己的秘密。这些近乎静止快照的瞬间印象，与另一些更加空泛的事物——有模有样的推测、地域知识和时代道具、记忆中的真事但有可能只是空泛记忆中的某件事情——串联在一起，成就了一个故事。

我的叙事形状里有一些重复的东西。以传统观点来看，故事应有其发展的轨迹，"正如漂亮的挥杆进洞"——稳定且长距离爬升，急速下降，直至戛然而止。我的叙述与此大不一样，没有抛物线式轨迹。我的行文有一种倾向，即在某些关注点或者事件中很早就达到高潮，然后继续向前发展，以一个长篇幅的结尾结束，平淡却舒畅。戈德温断片中的"真实"和花园里的虚构叙述都采用了这种写法，在真实与虚构穿插进行的过程中也是如此。"游泳与缄默"的叙述也是如此。作为一种写作方法，在解决盘踞于内心的事件上兴许有相同的感应吧。）

第三章

喇叭声不再

一

1946 年，曼彻斯特到南章克申［South Junction］至奥尔特林厄姆［Altrincham］仍然是一条重要的火车线路，由伦敦、米德兰和苏格兰以及伦敦和东北部铁路公司共同拥有，这三家公司在此后一两年内逐步国有化。它有自己的绿色徽章，在当时采用架空原理供电也是非同寻常的：三节车厢为一列，而通常三节车厢会加长至六节。这条线路的火车在二十分钟内往返于曼彻斯特和奥尔特林厄姆之间十千米的路程。曼彻斯特线一端的终点站是伦敦路，这是火车南下最大的一个火车站，原本会继续向前经过这个城镇一片被轰炸和摧毁的区域，而人们更多时候会在伦敦路之后另两个站点，即牛津路和丁斯盖特上下车。前者出于它是戏院和电影院的聚集地，后者是特定大商店所在地。这两站都不在市中心，但是无论它们位置如何，当时可能都被认为是在曼彻斯特城内。

过了牛津路和丁斯盖特，火车继续在高架铁路上向西奔驰，驶出老城，越过衰败了的早期工业革命的摇篮——凯瑟菲尔德——直到与右侧的铁路并轨，这条衔接的铁路线属于另一家合资却保持独立的铁路公司——柴郡铁路公司所有。（柴郡铁路公司运营的火车，有着棕色橡木车厢，摇摇晃晃地从中央火车站开往利物浦，经过奥尔特林厄姆抵达柴郡，整列火车带有一种别样的潮湿气，流露出维多利亚晚期的忧郁情怀。）就在此地——柴郡铁路公司的这条铁路线与曼彻斯特—南章克申—奥尔特林厄姆线路衔接在一起——火车钻进一段短隧道，直达老特拉福德球场和兰开夏郡板球场。接着火车进入近郊的斯特雷特福德［Stretford］和塞尔［Sale］，沿着 18 世纪的布里奇沃特运河［Bridgewater Canal］向南转至西南方向继续奔驰数英里，到达廷珀利［Timperley］，运河在此地绕道，蜿蜒流向默西河下游的朗科恩［Runcorn］，由此火车很快就到达终点站奥尔特林厄姆，这是附近多个远郊地区的中心。柴郡铁路公司的火车继续开往切斯特［Chester］。我完全不清楚南章克申到底是个什么地方，具体位置在哪里，不过我不能因此做一些寓言式的阐述。

到达奥尔特林厄姆之后，你可以从一号站台的长搁物架上取回你的自行车。当时的自行车符号还带有强烈的二元特征：三速挡的轮毂或者醒目的变速器，由横杆上的杠杆或者车把手上更为微妙的变速器来控制；约翰牛或者其他内胎牌子的修理工具置于挎包或者挂篮里；笨拙的变速器抑或不起眼的计程表；前照明灯固定于车把手中央或者底下的前叉上等。事实上，我起初手头拥有的是一辆战时配备绑定无传动装置的大力神自行车（这刚好与兰令自行车不同，后者在前挡泥板上装有子弹系列），没有铬合金，只有蓄电池照明灯。不过我终于费尽心思得到了一辆本地制造的专业自行车——博登牌自行车，它有水牛车把，前置照明灯实际上是装在轮毂上。这辆自行车很容易生锈。记忆里与这辆自行车有关的一切都是分析性的，而非视觉上的，都是关于它的结构和触感而非可以描摹下来的图像。现在我无法具体说出这实际上意味着什么，然而一个人拥有一辆自行车往往会成为他个人抱负的一种宣言。从奥尔特林厄姆站骑自行车到家所在的黑尔［Hale］还需要十至十五分钟，而在那个年岁里，黑尔处于"城市绿化带"的边缘地带。

上述三段文字只是顺意写出，未加思索，也无意图，相当于为下一章节内容做铺垫。我原本并不打算写接下来这章节的内容，心中并无梗概，原本这章节应该处理一段暗淡且空虚的日子，对此我几乎从没回想起来。我几乎并无意愿去重拾这段记忆，也没有强烈的好奇心迫使自己靠近这段记忆。这是一段乏味、重复的日子，也是一段态度不甚明了却着实令人心神不宁的时期。这一时期没有形状，因此我不会删除这三段文字，而是任文意恣意流淌，看看最终会出现什么。我想这种平铺直叙，缺乏情节起伏正好符合我记忆中那段时期的特征。

我们家的房子叫作"一棵橡树"，房如其名，在花园里的确有一棵参天老树。这是一座样貌丑陋的四层楼建筑，仿照柴郡的黑白相间风格，至少从建筑正面来看如此，所幸它还是无法掩盖建筑侧面和背面优雅的棕灰色砖砌墙面。这座房子大约建于1910年。战争结束时，父亲受职于曼彻斯特美术馆，仓促中买下这座房子，大家一致认为这是一桩错误的买卖，但是于我而言，它自有其优点，那就是我可以独自拥有顶层的阁楼，正是在这里，我度过了青春期——十三岁至十六岁。我父母除了要为我提供安身之所，那个年代对他们来说非常艰难，对大多数平民百姓而言也是如此。他们劳累不堪，手头拮据，同时他们需要重建家园，甚至要重组家庭。战争期间，父亲得了胃溃疡，战后不久他因"现代艺术"及其相关事宜与曼彻斯特市议员起了争执。母亲则着手利用这幢丑房子为我们以及那些时不时与我们同住的人提供一些生活来源，这些人中有一部分在战前便是我们的朋友，有些人则是新近才开始来往。家里除我以外，谁都不会与父亲发生争执。我们的家庭关系很亲密，即使彼此之间话语不多，我爱他们四人——不管发生了什么（那时我可能也这么说过）。然而这在当时那种特殊时期并不稀奇。

父子之间普遍存在的敌意令人感到沮丧，这种情绪在记忆中占有很大的分量，且以相互指责的面目出现。在过去五年里，我们都或多或少地朝着回归家庭的方向努力。他表现良好，我则不尽如人意。父亲是一个腼腆又激情满怀的热心人，他迫切想要与人沟通——我曾想那是出于卫理公会派教徒的性情——而这种性情让他变得脆弱。我对他摆出种种姿态，加之平日里愠怒的脸色和无礼的态度很容易激怒他，让他难堪。我在政治上摆出的姿态与他的左派相去甚远：我曾经对父亲最喜爱的约克郡表哥大放厥词，控诉他涉足羊毛期货交易是不道德的，而当时这位表哥出于正常规避羊毛生意的风险，一定要进行羊毛期货交易。或者（采取另一种简单易行的攻击路线）我会讲出一大堆道理，说明热爱音乐的重要性，而这恰恰是父亲喜欢不起来的。为了示威，我独自一人搭上曼彻斯特—南章克申—奥尔特林厄姆线，前往牛津路上的皇家剧院聆听《天鹅骑士》，结果证明这是一出荒唐可笑的烂剧，剧中一群身穿深蓝色戏服的胖子拖着步子没完没了地绕着圈子走，仿佛行走在德国剧院的大堂。我的行为是典型的明知不可为而为之。我心知肚明他对瓦格纳极其反感，而他厌恶瓦格纳是有渊源的：每年他的父亲都会带领全家到剧院聆听钢琴演奏曲《指环》，被迫接受熏陶，其间关于这一主题的任何暗示都不能错过，以备他们在这一作品的年度演奏时接受洗礼。祖父的这种做法让父亲反感到无法忍受。我在其他事情上也摆过类似的姿态，其中有些事情给我留下了永远扭曲的记忆。这种做法低下、卑劣且可耻。

　　暗地里我会从父亲的趣味里进行选择并使自己适应他的品位，由此转化为自己的趣味。有时我们也会交流几句，只是很难打破彼此之间的拘谨。起初，我猜想他是为了修复我们之间的关系，才决定带我去北威尔士进行为期一周的攀岩活动——这是他酷爱的一项运动——尽管最后事与愿违，但这是修复我们之间关系收效较好的一次举动。那时正值早春时节，阳光普照，大雪纷飞。第一天主要学习绳索掌控技巧，如何安全地从绳索上下来，或者只是在特莱菲纳山［Tryfan］做些简单的攀登练习，我有些不适应。第二天，他受邀参与一支搜索队的行动，搜寻一名在利维德山［Lliwedd］独自攀登的失踪者，我自然不在受邀之列。非常不幸地，他在山峰背面的山脚下找到了失踪者残缺不全的遗体。其结果便是接下来的四天里，我们都没有正正经经去爬山，而是以极为轻松的方式在格莱戴尔斯山和其他山上徒步或者摸爬滚打。我为他遭遇如此不愉快的经历感到难过，对他的态度也变得温和了，他也不像以前那样腼腆，开始与我谈论人生。我很后悔没有保持住这种人性关怀。

从 1946 年至 1951 年的六年时间里，也就是我从十三岁开始，便一直乘坐曼彻斯特—南章克申—奥尔特林厄姆线去上学。为此正如我上文所言，需要反向乘车，从牛津路站下车，接着穿过牛津路，沿着罗奇代尔运河的曳船道走一段路，然后搭乘公交车，向南行驶一段距离，穿过令人黯然神伤的驻军疗养院和大学，驶至令人不快的曼彻斯特文法学校。

大多数人不喜欢学校，但理由各异。我在曼彻斯特文法学校的根本问题是这里有太多男生比我聪明。在柴郡五年的时间里，我各方面都相当不错，学习上毫无压力。在入学考试两年后，我在这所学校的三甲排名中，位列三十人中的第二十七名，这令我大受打击，至今未恢复过来。这里的男生——如格德斯通！再如琼斯！——一个个思维方式独特，且思路清晰准确，更为糟糕的是在他们之后还有一大群非比寻常的天才，他们做事干净利落，我知道这种能力是我无法企及且永远都不会拥有的。同样，在我记忆中这所学校令我厌恶的另一个原因是学校本身，而不是这些学生或者某个老师，除了个别。不可否认的是，学校也有美好的事情——我当下便能想起降灵节的三周假期和敏捷、迅速的长曲棍球比赛，同时无法抵赖的是每到下午三点四十五分时，我便立即逃之夭夭，因而错过了校内一些好活动。尽管如此，学校在我眼里仍然是一个平常大家诟病的地方，奉行收效甚微的填鸭式教育，并过于受到考试成绩排名的牵制。或许我来得不是时候，当然我也碰到一些人，无论是我在校之前还是之后，他们喜欢学校。我对曼彻斯特文法学校的记忆简直少之又少。（有一件事倒令我记忆犹新，那便是校长曾在黑板上画了一个图示，并向我们说明我们为何是总人口中的精英分子。这门功课是"神学"，当天讨论的主题是柏拉图的"护卫者"。）

从家到学校的线路是一个不对称的"V"形，夏天时我会对上学线路做一些调整，如直接骑自行车从"V"形的一端穿到另一端，或者对"V"形进行封顶，直达学校。走这样的路线上学需花费一个半小时，与平常坐车所需的时间一样，但是新路线给我带来了满足感，其中一点便是我对曼彻斯特的城市特征有了些许不同的感受。平时搭乘曼彻斯特—南章克申—奥尔特林厄姆沿线火车，在半径区域内深入老城中心，然后在另一半径区域完成剩下的半程，最后从老城中心出来，而今夏所走的路线更像是半弦，横贯曼城两端的小片区域没有18世纪和19世纪的恢宏气势，也没有清晰的历史脉络。这一半弦是复杂的混合区域——城外郊区、临时新光源工业区、不发达但终将开发的绿色区域、毁坏的支路以及逐渐沦为房地产产业的乡村和小镇。改变路线的部分意义在于寻找新路线过程中碰到的错综复杂的状况和潜在的不同路线的存在。这便是一幅20世纪30年代的地图或者模式，在我看来它便是我的时代，自有其浪漫之处。

我所说的"浪漫"——显然在当时是一种重要的个人价值——现在让我感到困惑。它包括一些特定的现象：烈日下停工的棉纺厂；小城里特定的几类酒馆，人们走进酒吧；巴士在夜色中穿梭，车上载着乘客；一路上有几道曲折，地形带要有缓坡。我想这种浪漫情怀的出现是为了填补幻想迅速萎缩留下的空隙。它也许是幻想的一种变体，将过去的某种情感嫁接到现实事物上；兴许甚至是幻想的一种延续，只是在畅想时需要遵守更为严格的规则。我真真切切地记得为一些事情忧心，比如浪漫事物的吸引力能否永在或我是否在借物发挥想象力，而终有一日这将使我倦怠。后来我明白了浪漫的配方是可协调的——将平常加工成怪诞，将怪诞加工成日常，只是界限太不明确。与制造浪漫密切相关的是需要与曼彻斯特的现实建立良好的关系。

我的视觉感知力受到父母一位空军朋友的训练。比尔·科尔布鲁克［Bill Colebrook］是一位职业摄影师，个子矮小、沉默寡言、特立独行，只拍摄自己喜欢的东西，他的作品以工业景观为主。在北部遭遇突袭时，他与我们住在一起，我从他那里潜移默化地习得了有关工业革命的视觉语法。我只需看着他冲洗底片、接触印相照片，便能学到很多。不过我记忆尤深的是有一天我跟随他去利物浦拍摄一个码头建筑。我们整个白天都在码头工作，比尔（他的真名是艾弗里）安静地沉浸其中，我注视着他全力解决一排条状货仓所存在的问题，无视高架上来来往往、永无停息的火车。事实上他在当时是一个非常不浪漫的摄影师，完全不具有喜怒无常的比尔·布兰特［Bill Brandt］看待事物的角度，而是带着几分包豪斯或者莫霍利·纳吉［Moholy Nagy］的感觉去寻找视角、交叉点以及暗示性投射。在他和我父母发生争吵（起因是他有一次把一个无礼的南非同伴带到了家里）后，便不再上门了，对我来说这是莫大的损失。

由于他的缘故，我在提到停工的棉纺厂时，兴许就借用了他的理念，然而浪漫的核心是对历史往昔的选择，并且我与父母另一位朋友之间的交流，更是强化了我的这一观点。詹姆斯·欧文·马奥尼［James Owen Mahoney］是美国超现实主义画家，类似早期后现代主义者。他在这一时期创作的一件意义重大的不朽作品是在美国伊萨卡附近卡尤加湖上建了一座非凡的聚乙烯混合房子，其间他就在康奈尔大学教书，而我直到三十年之后才见到这件作品。20世纪40年代末，他似乎显得很怪僻，而在我眼里他一直是一个魅力四射的人物。他第一次到我家时，开着一辆刚刚从工厂买来的红色名爵汽车，并且总是凭着执念做出一些狂热的事情来。有一次他拆除了我们家中所有木制家具的表面，并进行了漂白，这么一来屋里的确亮堂了许多，但是中和那些漂白剂却成了一个长期困扰我们的问题。之后不久他又做了一件疯狂的事，他在电影《第三个人》（1949 年）中曾看到瓦莉公寓的背景里有一个巨大的半巴洛克风格的瓷炉道具，他找到了这个瓷炉，并买了下来。他寻找这个瓷炉的过程——起初是原件，后来便是复制品的素描图（现存于他伊萨卡的房屋里）——便是一首高亢而又执着的史诗。詹姆斯·马奥尼身上吸引并鼓舞我的地方在于他性格中严肃的玩兴和浪漫主义，直接将我引向过去。他似乎认可我在烈日下沉溺于停工的棉纺厂。

所有这些事例中似乎都隐约流露出一种个人过往遗失的意味。这一时期结束时，我曾写过一首诗，开头是这么写的："如今喇叭声不再，我曾经依稀听见 / 远远地……"紧接着诗中开始忆起格拉摩根郡运河上秋天的山毛榉。注意"喇叭声不再"所流露出的隐痛以及"远远地"所传达出来的欲言又止，三四年后以我的立场，则会从一种极坏的角度将所有这些定义为"悲哀的"。我猜想自己从某处盗用了这句诗，不过它表达出了我所遇之事的某一面。那是一个秋天。秋天兴许预示着青春期和内在本质，然而在我脑海中，曼彻斯特—南章克申—奥尔特林厄姆沿线火车上发生的一件事确实与秋天有关。

这件事情极其普通，在此大费周章似乎有些荒唐，但是我想它当时对于我的意义值得现在如此强调。1946 年，我第一次在曼彻斯特度夏，有一天天气炎热，我去拜访丁斯盖特一家很有名望的模型商店，即蒂尔兹利和霍尔布鲁克商店，然后在丁斯盖特火车站搭乘下午的早班车回家。当时车厢里只有一个男人，肥胖、中年、大汗淋漓、酩酊大醉。过了一会儿，我看到他在自慰，他发现我在看他后，便问我是否想看他的阳具。不管怎样，他还是掏出了粗大、紫色、发亮的阳具，他从对面向我走过来，坐在我旁边，鼓励我去碰那东西，并让我也掏出来，和他的阳具比较一番。他开始摸我的私处，我马上进行反抗。我已经记不清楚他接触我的身体到何种程度，但是我只反抗了一两分钟，他突然停下了手，重新整了整衣服，回到了他自己的座位，然后说了几句话，表示自己只是开个玩笑而已。火车在某个车站停了下来，已经记不得站名，我从车厢里走了出来，他没有拦我，然后我等待下一班火车。这是一件性骚扰未遂的小事——它极有可能发生在曼彻斯特—南章克申—奥尔特林厄姆沿线火车上，只因为这趟火车总是频繁地停靠站点。

令人烦恼的是，在接下来的两年里，我会时不时地碰到这个男人，通常他都在奥特林厄姆火车站广场上游荡，醉醺醺地和一群年龄比我大的年轻人打趣胡闹。有时候他看到我，脸色一下子就变了，随即就面无表情地转身走开。他再也没有试图做什么。此后很多年我都没有对任何人提及此事——我不知道该如何开口——然而不知何故，这件事情一直盘旋在我的脑海里。事实上，我觉得并不是所有恋童癖者的所作所为都具有破坏性。我在切普斯托时也曾碰到过类似事情，从某种程度上来说，那个我喜爱的男老师和我有过更为亲密的接触，但这不是身体上的侵害，事后我几乎没有想太多。然而，曼彻斯特—南章克申—奥尔特林厄姆火车上的事件并不像通常所报道的那种实施成功的人身侵犯犯罪事件，尽管我感到很肮脏，这种厌恶感是人们普遍会产生的，来自肉体的，并且会持续很多年。当然此次事件并不是造成我心情低落的单纯因素，而是因为我青春期的转折点是在思索此次事件的过程中完成的，并受到它的影响。这件事情成为当时我向自己所做的一番自我解释。

这种心情低落也可能以某些有违常情的方式出现，我记得有个断片，夹杂着尴尬和欢乐。1947年春天，我们全家在苏格拉西部高地待了一两周时间，住在当时几乎荒无人烟、辽阔无垠的莫勒沙漠地带。一天，我和姐姐们去远离沙漠区的地方游泳，我全身赤裸，只因我没有随身携带泳衣，起初天气阴沉，后来却变成了大热天。后来我独自一人走到沙丘地带，在阳光下烘干身体，当父亲终于现身叫我吃午饭时，我还来了一场表演。他总是随身携带照相机，我开始在沙坡上手舞足蹈，蹦蹦跳跳，以我的形体视觉效果来逗他开心。毫无疑问，这场景是裸露症患者寻求关注的一种表现，但是显然我当时更为迫切的是想得到父亲的认可，让他看到我已完全康复，即便发生了那件猥亵事件之后，尽管父亲对此一无所知。总而言之，此事的逻辑很荒唐，我当时笃定父亲想要拍我的裸体，以此证明我仍然一切正常。

我认为大多数人都有过在火车上偶遇某类男人的经历，通常情况更为严重。整个青春期，我似乎难以辨别特定条件下的普遍症状和特殊的偶然性事件导致的不同结果，部分原因在于这种偶然性事件时常发生。那么问题就在于一个人本身或特有的经验会给个人带来多大的影响；反之，不同的经验多大程度上可以汇聚成某种普遍的刺激因素，促进个人的正常发展。影响自我的外部因素该如何细分？从这层意义上来讲，也许对青春期性知识了解较多是件好事，然而事实上这方面的教育少得可怜。我在青春期从不自慰，却因梦遗而惶恐不安，无法理解。我偏爱的偶尔的快感并不是来自血肉之躯，而是一套埃里克·吉尔［Eric Gill］创作的丰富多样的写生素描——他的抽象画会让人产生嫌恶感，集肉欲和感伤为一体。多年以后我认为当年遇到的最接近事实的情况可能是我受到一个专爱讲反话的中年同性恋者（我之前就认识他，还挺喜欢这个人）的些许诱惑，并且我相信当时做了一些同性恋者之间做的事情。这其中有交情，而绝非勾引。现在去分析整件事情或者想要这么做都已为时太晚，但是我仍有必要提及它，即便它已然变成空白一片，也要好过作为一个有所感知的问题遗留在记忆里。

不管怎样，在"一棵橡树"的阁楼上，我经常陷入沉思。毕竟，阁楼是属于我一人的，上学的日子里，每到六七点我便退避到阁楼里，做两个多小时作业，这些毫无意义的作业构成了曼彻斯特文法学校的古典教育：以各种拉丁文和希腊文风格创作散文和诗歌，翻译那些仅被称为词汇和语法补充读物的伟大经典。

我内心某处一直认为，阁楼的存在不仅是一个令人难忘的地方，而且还是我精神生活的安放地。我无法回想起一张囊括阁楼所有种种的清晰图像，能想得起来的无非都是一些类似照片的刻板印象，但是我的这种心思意味着某些东西，或者某部分东西，可能让我感觉自己仍在前行。这有点像是一幅中世纪记忆力储存室图式，我并不在意它所示的官能系统，而只是在乎它以简单的图式说明了记忆过程。

要是去阁楼的话，你首先得爬上一段又陡又绕的楼梯，经过一扇窗户，透过窗户可以看到楼下的白杨树，白杨树之后便是邻家一块杂草丛生的、未建造的宅基地，楼梯之上便是一个楼梯平台，四周有四扇房门。现在你已经到了远离人群的楼层。左边房门进去便是一间储藏室，空间很小，有一扇狭促而又低矮的窗户。箱子之类的杂物通常都存放在地下室，而不是这里，在我看来这个房间更像是一个存放那些我想留下而又不能挡道的杂物的地方，通常是一些残件，实验时未成功或半途而废后留下的。这里仿佛是一座冷宫。比如，储藏室里有一台手织机。这是父母送我的一件圣诞礼物，当时我对此怒不可遏，早前我已经巧妙而明确地向他们暗示我想要一辆新自行车代替那辆多功能"大力神"。既然我不能随意扔掉这台手织机，就只能把它存放在此。

（两年后有段时间我又想起了这台手织机，因为我发现用这台手织机能够很快织出光面领带。当时学校没有统一的校服，一些衣冠楚楚的同龄人会戴着领结来学校。我打算反其道而行，用一系列手工制作的领结搭配天然灯芯绒夹克，似乎也恰到好处，于是我第一次织了一条庄重的、黄色与浅灰色相间的四手结领带。这条领带受到了我圈中好友的赞许，但鲁珀特·西姆金斯［Rupert Simkins］却不以为然，他是古典部门的领导，一个温和的、或许体面的人，我和他相处得并不融洽。在我眼里，他就是古典六级课程中我所厌恶的所有专业语言技巧的化身，而当时我在不知不觉中陷入这些技巧之中。在鲁珀特·西姆金斯眼里，我不只是个体弱的学生，他还公开坦言，我是他迄今见过的"最愚蠢"的学生之———这种评价出自这样一个人之口：他借切牌、不停洗牌来决定我们中谁将负责下一次翻译；他拿办公桌上烟丝罐头上贴的外国邮票来奖励那些在翻译练习中表现卓越的学生。"拿张邮票！"他如是说。于是我开始用越来越大、越来越鲜艳的领结来引起他的不悦，不过这个游戏很快就失去了色彩，于是手织机就再次被雪藏了。）

楼梯平台的右边是盥洗室，这是一种礼貌的说法。我父亲曾把这个房间称为暗房，并使用过一两次。这是一个条件恶劣的房间，里面只有几样能用的洁具。主要问题出在浴缸本身，它已经污迹斑斑、坑坑洼洼，现在又沾满了一些不规则的白色斑块。发生在普特尔先生身上的事情现在正如出一辙地发生在我身上：一种特殊的瓷釉据说可以修复浴缸表面因接触热水而造成的脱落现象。若要深层清洗东西，那得离开阁楼，到楼下和其他人共用盥洗室。

从楼梯平台笔直往前走便是主卧，也就是我睡觉、做功课、阅读以及收听无线电的地方。（这是一种战时使用的木匣子外壳物件，躺在床上可以通过天线系统进行远程调节。）这个阁楼房间很宽敞，也很漂亮，天花板的左半部分向下倾斜至桌面高度。同侧有一扇老虎窗，从窗户往外看，可见一排房子；在这一侧远处还有一扇窗户，透过它可以看到外面绿色的橡树。床、书桌、椅子以及书柜的位置会时不时有所改变，照片也如此，唯一固定不变的是右边墙上挂着的一张曼彻斯特大地图及其周围的装饰物。我一丝不苟地粉刷了这个房间——右手边宽大的那面墙刷成白色，其他三面墙刷成黄褐色，天花板和斜屋顶则刷成浅蓝色。

这种蓝色几乎是一种象征，隐喻着这个阁楼是现实和理念冲突的地方，这些术语是从一种宽泛的意义上而言的，比如说费然特哲学。我选择蓝色是因为"蓝色会消退"，然而为了使那蓝色变得更淡，我至少重新粉刷了天花板和斜屋顶两次，但是那蓝色并未消退，反而不断加深。我父母常常带他们的朋友上楼欣赏我对房间的装饰，他们总是说将斜屋顶部分粉刷成蓝色真是太明智了，因为（他们如此说）蓝色会慢慢消退，这让我感到震惊不已，然而正如大家所见，这种情况并没有发生。在面对白墙、老虎窗以及可见表象时，现实的复杂性实在是太强大了。当我将书中读到的东西与现实生活中看到的情景进行对比时——比如，多恩福德·耶茨［Dornford Yates］的小说（我从地方公共图书馆里借来的书）和当下曼彻斯特的生活相对比——我就会有类似的感慨。

不过，第四个房间更是一处思想驰骋之地，它位于主卧和盥洗室之间。在空间和房型上，它与主卧并无二致，只是没有老虎窗，室内更暗一些。1945年我搬到这里时，曾想过要在这个房间制作一个火车模型，并且还建造了铁轨两侧的底板，购买了三段十八英寸*长的铁轨模件。不过做完这一步之后，手头的钱和意志力都耗尽了，从此再无进展。不过有段时间，那三段铁轨模件一直搭在底板上，我默想了其中诸多可能性，脑海浮现出电路铁轨在房间里绕行的情景，甚至还配有景致和建筑。不久之后，我母亲将苹果铺在底板上，以此贮藏苹果，于是我就把模件移至盥洗室，但是置身火车房间（这房间被戏称为"下房"）沉思已经成为我的一个习惯，远胜于琢磨电路轨道。这个房间如此空荡、昏暗，满溢着苹果香——我吃掉了存放在此的很多苹果——这种氛围让我感到惬意，我可以任由思绪驰骋或陷入沉思。我不知道究竟身体对这种环境的依赖到了何种程度，也许这样的氛围会刺激青春期产生精神分裂的倾向，但是另一方面它提供了一个有形的外部环境，可以让你沉下心来思考，如此便不必迫切地需要在内心深处留出这样的空间。我不知道它对于我而言属于哪一种。

我的记忆版图上还有一些补充部分，但在别处。其中最具影响

---

* 1英寸=2.54厘米

力的一个地方是德比郡一个名为金德斯考特峰[Kinder Scout]的荒野，位于海皮克区[High Peak]。我们一家曾有数个夏天在金德斯考特峰高原下一个租借的农庄里度过，父亲从海菲尔德[Hayfield]坐火车去上班。金德斯考特峰高地海拔两千英尺，连绵几英里。很多时候我独自一人徜徉于此，或散步，或阅读，或沉思。高原顶端是一座泥煤地迷宫，深沟之处形成池塘和溪流，一旦你置身其中，便看不到外面的景观，然而沟壑边缘由砂岩形成的峭壁景观壮丽，峭壁之下是奇形巨石，瀑布沿着峭壁飞流直下，其中一条瀑布遇上西风时，仿佛逆流而上，而非顺流直下，蔚为奇观。这块地方引人遐想，催生了很多寓言故事，很多（我后来才意识到这一点）都带有法国巴洛克寓言式风土人情——此地或彼方的种种传说。它就像某种格式化了的空白地带，我可以将不断变化的意义投射上去，然后进入其中。

我独自一人待在阁楼上，并不觉得孤单。我在学校结交了一些朋友，但是显然我无意将他们带到这里来。我拒绝父母不请自来，或更多时候他们让我与其朋友的子女，那些年龄与我相仿的人一块玩，我并不喜欢和这些人一起玩。我读很多书，要是感到无聊了，我便骑上自行车出去溜达，随着时间的推移，更多时候出门是为了了解曼彻斯特的风土人情。

曼彻斯特是一个迷人的城市。我对这个城市的历史很感兴趣，并且对德国人口中的 Manchestertum[曼彻斯特阶级]也有自己的一番体会。我还没有读过恩格斯的著作，但是我对他大致有所了解。那时仍可一睹曼彻斯特阶级的晚期残像：出于某种原因，我曾被年迈却风趣的汤姆斯·巴洛爵士[Sir Thomas Barlow]——一位严厉的自由主义工厂主兼丢勒研究者正式带到曼彻斯特改革俱乐部参加午宴，那里的羊羔肉难以咀嚼；同席的还有一两位不那么古怪的旧自由主义贵族和迪兹伯里[Didsbury]以外的贵族人士。这些人为"年轻人"举办聚会，曾有一两次我鼓足勇气参加了此类聚会，就是为了确定一点，那就是我不想去这些场合。

在我眼里，这个城市有着高雅的文化。《卫报》仍然是《曼彻斯特卫报》，并依然有其根基，并且（这么说绝不是为了转移话题）哈勒管弦乐团在糊里糊涂扩充——由六位低音部增到八位并由此带来各部人员按比例增长——之前，是由处于事业巅峰期的巴尔比罗利〔Barbirolli〕担任指挥，之后该乐团搬回到被轰炸后重建的自由贸易厅〔Free Trade Hall〕。在我那个时代，哈勒管弦乐团在一个狭促的演奏厅里演奏，大厅的木制表面散发着顽固的反射光，我记得在那里聆听的第一场音乐会，前半部分是罗西尼和比才的作品，演奏水准高超，充满惊心动魄的人性光芒、勇气和纯净。丁斯盖特沿街还有一个小音乐厅，当时的英国广播公司北方乐团〔BBC Northern Orchestra〕就在此演奏，这个地方至少拓宽了我的活动范围。（当他们在为广播录音时，我请求他们允许我坐在狭小的旁听席上聆听，尽管那里留给我印象最深的是目睹了一位喝得烂醉的横笛吹奏者被当场解雇的恐怖场景，起因是他没有事先准备好《田园曲》〔*Pastorale*〕中的独奏部分：他还茫然地满足于他自己的那套即兴田园演奏，这让正在指导演奏的作曲家布利斯〔Bliss〕勃然大怒。事后我还时不时地梦到这一场景，当然梦中我已化身为那位措手不及的横笛吹奏者。）我还养成了一个爱好，逛道耳顿街及其附近街道上的旧式书店，起初我为了寻找古典著作《凯莉的钥匙》〔*Kelly's Keys*〕和抄本《博恩斯》〔*Bohns*〕，然而就是这件事触发了我逛旧式书店的兴趣。我搜罗的范围在方圆半英里以内，介于中央图书馆和丁斯盖特街之间。

真正的挑战是这座大型城市潮闷的实体结构——这种 19 世纪的建筑结构常常建立在深藏不露的 18 世纪的建筑根基之上，这让人很是费解。这里有着诸多矛盾之处，冷酷的理性和极度的混乱，当地奇异的辉煌和周边消耗旧能源所产生的炉渣，这些都让人难以理解。我觉得自己并不是有意将它们置于这种对立状态。当然，这个地方在世人面前和我心里依然是一座无规则向外延伸的迷宫，其中有逐渐荒废的工业和简陋的家庭产业，几近弃用的水道和变化莫测的蜿蜒的铁路线，悲惨的贫民窟和近似贫民窟，舒适的议员专用区，市首府的古典风格和恢宏的伪哥特式市政厅和大学——所有这些无疑都是与一个成熟或者至少正式确立的人类机构相共存。我对当地民众的生活充满好奇。我在某种心境下会觉得这个城里有些人是浪漫的，但是换了一种心境，这种田园式的幻想又变得极为微弱，于是我便打道回府，听起沃恩·威廉斯［Vaughan Williams］早期的作品来。

多年之后，我读了利昂·巴蒂斯塔·阿尔贝蒂的伟大著作《论建筑》［On Architecture］后，意识到理解曼彻斯特这座城市的一条路径可从一个以阶级为导向的公共或私人职能体系中表现出来的多方面道德行为来审视这座具有 15 世纪风格的城市建筑，但是当时我对阿尔贝蒂一无所知。而当地同时存在的另外一些现象，如当时中央火车站（柴郡铁路局）宏伟的火车库，通往火车库那段低劣、未完工的道路及其附近那座里里外外一派新生代风格的米德兰酒店，这些现象与其本身所展现的华而不实的对照物比起来，更需要进行谨慎的分析。这里存在相互冲突的制度层次结构：以理性思维建立起来的火车站是多余的——资本被滥用了——然而，鉴于火车站及其场地和系统，这座风格奇异的酒店却有其意义并获得了巨大成功。

20 世纪 40 年代末的几个冬天，在大雾消散前，我们领略了一番发生在 19 世纪曼彻斯特的最后几场大雾，日子在无声的雾气中缓慢过去，我很高兴身体力行体验过这种古老的隐喻，尽管我并不是有意表达大雾的崇高性和号令一切的统治权。这里的夏天总是闷热，以干旱和板球为特征。我渴望成为一个灵巧、轻缓的投球手，为此我花数小时轻击一个受控制的板球，打到家里的橡树上，以此练习右拐球和外曲线球。除此以外，我还去老特拉福德板球场练习，上学的日子，放学回家的路上顺带在那里练习上一两个小时，假期里则待上一整天。当地人也在这里举办板球比赛，板球在当地是一项历史悠久的运动，比赛一如既往历时三天，队员有业余队长，其中一些是农民，也有一些来自各行各业灵巧、投球缓慢的投球手。我会在比赛次日十一点三十分到板球场，这时他们刚从里面出来，今天早到了六小时，明天早到五个半小时，兰开夏郡在拖延比赛方面历来臭名昭著，整个比赛在高调的维多利亚仪式中进行。老特拉福德球场的看台也是曼彻斯特当地人相互交流的地方，因为有足够多的时间可以聊天。我不会给自己贴上兰开夏郡人的标签，因为家庭关系都在约克郡，但是我并不觉得自己是北方人，至少从我所操的英语来说如此，而我希望自己被同化。老特拉福德球场（曼彻斯特医院的病房，小肠祥扮演的角色就如同板球）是一个社交场所，一定程度上使人适应新的文化习俗，尽管这远远不够。

　　我刚刚在手头仅有的一本 1948 年的《威斯登板球年鉴》上查看了当年的比赛时长，这本九百多页的年鉴所包含的丰富知识让我震惊，而这些知识在半个世纪里无人碰触过。一百名或更多运动员的名字，多数是非著名运动员，各角度展现清晰的男人形象，有时是一张脸，有时是帽子一角或以某种方式与衬衫袖子一起入镜，大多数是投球或者击球的动作或者姿态，偶尔会展现某一特定赛事瞬间。比如，伍斯特郡的豪沃思［Howorth］，我并不常见他，并且在半个世纪的时间里压根没有想起他，比起那些常年一起亲密工作的同事来，他的形象却更为清晰。这使我确信记忆里有一些从未被唤起的、沉淀下来的东西，它潜伏在记忆深处，不会因为回忆而有所修正，它没有受到任何方式的抑制，因为完全没有必要。一个人的脑海中有多少这样的记忆？这些图像里有一些脆弱而又变化无常的东西，这也许是因为它们还没有经历记忆修复的过程，还没有将间歇性回忆中所出现的记忆碎片包含进去。我在想这些记忆图像是否会很快消逝，就如同将木乃伊突然暴露于空气中时，它会即刻崩溃瓦解那样。

二

曼彻斯特，或者说我以 1946 年至 1949 年在这个城市生活为原型勾勒出的曼彻斯特速写图，正渐渐消逝。我不想继续述说曼彻斯特的点点滴滴，或者继续叙述在这个城市五年生活里的另一半情景，事实上我几乎对那段日子毫无记忆可言。记忆中关于那段日子的都是一些模糊不清的事情，剩下两年半的记忆断片也是如此。我将直接跳到我教育经历的下一阶段。

事实上，经过曼彻斯特文法学校三甲班和甲等升级班两年的磨炼，我逐步进入了为期三年的古典六级的学习，不过那时我自认为已经失去了竞争力。我很快就有了决断，我不想去上大学，因为一旦上了大学就意味着要做更多此类事情，尽管这也同时意味着要面对另一些令人不安的问题——日后该如何谋生——这使我对课业更不上心了。我对字体有几分兴趣，于是盘算着日后可以当一名印刷工，按照行规我得在海威科姆一家印刷厂先实习。但是那天晚些时候，一位印刷工——支支吾吾？快人快语？——建议我还是先上大学，这样日后我对他们的价值将更大。我在英语方面曾获得过一个校级小奖，基于什么已经想不起来，循着这条线，要是我能读英语文学的话，这专业似乎与印刷工也有几分关联，那我就去上大学，不过我根本无从知晓这一专业到底是研究什么的。

一位学识渊博的世交告诉我，专业英语学习有两类：我应该读一读莫里斯·鲍勒［Maurice Bowra］的《象征主义的遗产》［*The Heritage of Symbolism*］和 F. R. 利维斯的《重新评读》［*Revaluation*］，了解这两类专业研究的情况，然后根据自己的喜好做出选择。我照此做了，并写信给剑桥大学唐宁学院毛遂自荐。我被告知希腊语和拉丁语并不是攻读唐宁英语学院的必备条件，该系有自己的招生考试，但不管怎样，现在我都已为时太晚，不过基于我的成绩单，我获得了古

典学科（这一学科招生人数未满）的一个名额，在学完一年或两年后
兴许有机会由古典学院调到英语学院。结果我在一学期之后就转到了
英语学院：剑桥大学古典学院头一年的课程与我两年前在曼彻斯特所
学的东西并无二致，我实在无法继续忍受下去。我彻底陷入僵局，而
这不是阶段性问题，我很乐意如实告诉别人这一点。于是我向学院和
利维斯求助，在会见了利维斯之后，他不无怜悯地收了我。所以不得
不说，我是走了后门才进了唐宁英语学院。

　　我曾经很喜欢《重新评读》简洁的文风，排版、略为粗糙的纸张、
赭棕色的装订和备用的防尘套设计，使得整本书流露出 20 世纪 30 年
代查托公司的韵味——然而《象征主义的遗产》，至今还留着这本书，
一直让我反感，无论是字体、内文、还是亮闪闪的栗色书皮给我同
样的感受，但是我几乎不理解这书究竟是讲什么的。当我进入英语学
院，开始上课时，我总是低着头，但是内心激动无比，在这之前我从
来没有意识到一个人可以如此积极地阅读。我吸纳了一些朋友的学习
心得和经验，他们以前在学校时读过利维斯的书，并且参与他的"精
读"小组有些年头了，不过正规的专业训练主要是通过利维斯上的课
程，每周上午都有几堂他的课，另外的渠道便是撰写任课老师布置的
论文。当时我们很少去听讲座，除非偶尔想要一睹某某人的相貌。

　　我希望提及一位给予我早期教导的老师，此人便是哈罗德·梅
森〔Harold Mason〕，尽管他后来与利维斯关系僵硬，但当时他在唐
宁学院担任利维斯的助手。我们的大部分论文都是写给梅森看的，也
是在每周他的课时时间里，单独与他相处时，他指出了很多通常不会
被指出的问题。"你知道，你不必每篇论文都以一则格言起头，当你
评论一本书时，开门见山地亮出你的观点更好。"每周我都会因为自
己的愚钝感到窘迫，羞愧地离开他家，而与此同时我也从中吸取了教
训。人们要么非常喜欢梅森，要么完全对他没有兴趣。他的喜欢嘲讽
和迂回的个性让他显得很不合群，值得一提的是，他的华丽文笔在书

中体现得并不理想。对我来说，遇到他真是三生有幸。他本人接受过古典教育，还念了高级"牛津大课程"，他清楚我的底细，知道我有良好的脾性，因此他耐心地面对我的愚钝，但是他会间接地让我明白这一点。他对文艺复兴时期人文主义和诗歌的文化环境的兴趣引人注意。在他的晚间但丁课上，我第一次阅读意大利文。我喜欢他拐弯抹角和咄咄逼人的刁钻：一次亨利·弗吕谢尔在结束有关法国古典戏剧的讲座之后，"我想知道……可否请问一下？……拉辛〔Racine〕的这两部戏剧都没有打破法国戏剧的规则，那么是否有一个公允的依据能够判断这两部戏剧中哪一部更胜一筹？"我喜欢诸如此类心照不宣的事情。梅森留给我的精神意象是面色苍白、大腹便便，穿着居家拖鞋在耶稣小巷分岔口一间铺着蓝色地毯的房间里踱着步子，透过巴尔干寿百年烟斗冒起来的烟圈和虚幻的阳光，眯起眼睛，掂量着我一篇糟糕的论文的长度，此文大概就是我在假期所写的关于康拉德的论文，正是以读解他在这一主题上的观点为核心。

另一方面，利维斯留给我的却是不寻常的（对我而言）侧面形象，清晰而又完整的侧影。我不确定这其中掺杂了多少解读的分量，但是从某种角度而言它又是恰当的。跟随利维斯学习的第一个学期结束后，他提交给我导师，即古典学院院长的评估报告中将我定义为一个"被古典教育贻害了一生"的人，导师将这份报告亲自念给我听。我相信他从来没有对我改观，要是我在场的话，甚至会说得比这还要糟糕。这一时期对利维斯来说也是一段煎熬的岁月。他的妻子奎妮〔Queenie〕生病了。他们艰苦维持运营的杂志《精读》已处于回天无力的境地。他们与《泰晤士文学副刊》、英国广播公司以及其他人之间发生了无数次无果的争论。他正奋力完成有关 D. H. 劳伦斯的重要著作。他在教学上也许已经显露出疲态，大概逐步陷入重复旧讲义的状态——尽管任何一个像他那样常年以如此强度和频率教学的人，可能偶尔都会如此。

也许仍有必要明确申明一点，"文本细读法"并不是利维斯特有的，尽管他的确采用了这种方法或者类似于此的方法。就我的经历而言，利维斯独特的地方在于他的性格、姿态以及价值观。他的姿态介于含蓄的、有原则的立场和有效表达观点的态度之间，这在他的评论和他人对其的评论中都有所体现。而他的价值观体现在他所挑选的文学作品范例中，通常是从综合性全集中遴选出的优秀部分，利维斯以他的方式进行读解。我着实花了一些时日来适应利维斯的做法，他事先不愿意出示大致的教学程序和评判标准：我原本希望他有明确的教学方法，其中包含操作方法和程序，并且希望他能多讲讲那始终未完成的神作《权威与方法》〔"Authority and Method"〕——尽管后来此书的部分内容在一些论文中有所透露，并且从这些信息可以清楚地看出此书并不是我所期望的简明有效的操作指南，不过在这之前我已经自行简化了一些术语，将它们归结为一个简明词汇表，密密麻麻四页内容。因为内容不规范，我没有给任何人看过，也不打算曝光于此，除了摘抄一个简短的实例以说明此书的特点：

客观性

"客观性"：不是诗人的直接阐述。

自我隐身、冷淡、超脱。但只在特定情境下，诗人才会谈及这一点（华兹华斯、济慈）。关于利维斯在这方面的处理方法，可参见他的论文《许伯理翁》〔Hyperion〕。关于形式问题——活跃节奏所需，而不为其所扼杀（劳伦斯评论曼）。出自：艾略特文章《传统与个人才能》（回击自传文学与技巧之间浪漫主义式的混淆）；斯特奇·穆尔给福楼拜所下的标签（他首次使用术语"非个人性"）；理查兹的《批评原理》，共245页；柯尔律治，第15章论《维纳斯与阿多尼斯》。一个重要问题即劳伦斯的《恋爱中的女人》中是否缺乏客观性，但这一点是否重要。

从整体来看，法国文学被引用的次数着实令人吃惊。

在我的记忆中，利维斯的侧面形象一直是他坐在房间一张低矮、破旧的扶手椅上，手里拿着一本书，自然地垂下来，那书似乎马上就要掉落到地板上；他的面容饱经沧桑，蓄着连鬓胡子，生动地展现了他的魅力。他以研讨班的形式来授课，从事先复印好的阅读材料中抽出一两页至五六页不等的任一文本展开。这些文本，诗歌或散文，并未写明所属信息（尽管并不总是无法辨识），小组成员通过有意识的阅读，根据阅读过程中获得的合理信息，判断这些文本出自哪位作家或者哪个重要时期。这个过程需要一种极高的鉴赏力。接着利维斯会针对复印文本预设的较为普遍的问题做进一步的引申：客观性、流派或者任何相关的东西。乍一看，文本中几乎没有特殊的线索可循。语言被视为破解一个社会人行为的工具，或者它看似如此。需要关注这一工具在技术上的细节，因为工具往往会使我们忽视人生见识，正如I. A. 理查兹［I. A. Richards］所做的那样。另一方面，我们需要了解大众认可的批评文学，这是案例分析的基础，同时另有固有的约定而成的术语体系——这种约定性已然深入人心，因为它们都是一些常用词——理解力、意识、形象以及更多此类词语——这些术语在特定的语义中使用，同时它们也是在批评文学运用过程中确立起来的。同时还涉及类似于生机论者［vitalist］思想观念里触及的东西或某些碎片。总而言之，我们正在进入一个内隐系统。

我很少试图参与这类讨论，零星几次努力总是给我带来灾难性后果。我记得曾对纸页上一首诗歌下过论断，认为它出自亨利·沃恩［Henry Vaughan］之手，因为诗中隐含了"威尔士韵律"。此诗确实是沃恩（他曾碰巧影响过我）写的，但是我提出的"威尔士韵律"激怒了利维斯。"这种推断依据正是我不想看到的。"他喘着粗气说道。我只是想表明，我试着去解释，如果我们用威尔士的语调去读这首诗，有些韵律显得更加直接，效果也大不一样，这种现象在沃恩的诗歌中经常出现：

I would ［said I］ my God would give
The staidness of these things to man! for these
To his divine appointments ever cleave,
And no new business breaks their peace...

我也将如此［我说］但愿上帝赐予
人类万物间这份沉静！因为它们
披荆斩棘谨遵圣意，
再无俗事打破安宁……

（这里的"它们"是指鸟儿、蜜蜂和花朵。）这首诗本身的价值并不大，但是似乎还可接受，因为它能延伸到沃恩特有的理性姿态。但是利维斯原计划是要探讨一个熟悉的主题，此时开始徒劳地按部就班地探讨杰勒德·曼利·霍普金斯［Gerard Manley Hopkins］对威尔士游吟诗格律的兴趣，而一些牛津文学史家此前已经对这一主题做过研究——观点不同而已，我仍然这么认为。不管怎样，我再次从古典主义角度进行评论——外在的、基于资料且索然无味的评论。

利维斯是一个喜怒无常的人，形成这一性格的一个关键因素在于他的表演力和角色扮演——影响之深远甚于表面看到的那样。他不可思议地保留并发挥了一种近似孩子般的冲动，而大部分人早就将这种冲动排除在脑外。这种冲动以各种小伪装表现出来，比如展示自己对体育运动的热爱、在吃饭正起兴时断断续续进行公开斋戒，但是这些只是小儿科。我并不想表达这从多大程度上是出于面对其他劲敌或对抗某种职业境况时采取的个人自我保护。他在自己的表演中扮演着一个旁观者和阴谋下受害者的角色，他当时的同事曾指出，这种角色扮演可能产生了某种破坏性影响。但是我感兴趣（或者说我现在感兴趣）的是与此不同的角色扮演曾使他的评论极富创造力。

同样，当利维斯大声朗诵诗歌时，我们有时也可以瞥见其角色扮演初露端倪。我曾在研讨班上听过两三次利维斯朗读诗歌，没有谁能把诗歌朗诵得像利维斯那样生动。其他人也曾评论过他在诗歌朗诵方面的实力。他的总体风格是边朗诵边评论，这种方式可追溯到剑桥大学的曼斯菲尔德·福布斯［Mansfield Forbes］和 I. A. 理查兹——这是我当下能想到的两个人。他常常会对这种评注式朗读方式进行嘲讽或者加以克制，以此削弱它的力量，但是我认为在他做过的所有精彩的评论背后，是由一个优秀演员独具特色的声音来支撑的，以声音来演绎文本、作者、读者，有时包括角色。（这四种对象兴许与理查兹所谓的"意味"——知觉、情感、语调、意图——有着共鸣之处，但此处涉及的是声音。）我猜想，他平时一定经常这样朗读，手里拿着一本书，安静地坐着，声音在脑海里角逐或萦绕。显然，这是他对语言变化极度敏感的表现之一。即使在他以那种不讨人喜欢的评论语调来阐述其对平衡的看法时，首先都会绘声绘色地朗读一番。假如评论家的声音——一种与众不同却又带有角色扮演特质的声音——过分专注于表现思想的话，那也是一件憾事。思想除了其他种种特征，还是一个具有鉴赏力的朗读者，会大声说出自己的想法。

不同寻常的是利维斯在文学反应中所体现出来的道德激情，在一定程度上似乎是由相同的冲动驱使的。假如你要把文本、人物、作者以及读者都演绎出来，你会发现必须要进入这些角色之中，而且你必须有一种强烈想要成为"生活审判者"的情感才行。如果我们意识到这一点的话，就会发现利维斯在进行道德判断时的信心状况可能是捉摸不定的。以下是某人在一种被压制状态下，与利维斯所进行的一番交谈。出了名的交流模式是这样的——"就是这样，不是吗？""是的，但是……"——这其中涉及彼此对于身份的相互宣示，当然无论哪一方对自己的身份地位都是默认的，但是显得刻板、牵强，这是他碍于人情而做出的回应，或者你也会如此。事实上，这个人可以是他或者你。既然他的批评家身份比起你本人来资历更深、更系统，于是你会顺理成章地认为自己独立的反应显得随意、肤浅，存在个人盲点以及只是出于个人一时兴起的古怪念头——通常情况也的确如此。一种评论症结——不能真正分享对文本的感受——可能成为训练阅读的一个契机，但是这与生活审判之间有着无法克服的区别。这种公开的表露着实激动人心。

关于阅读，我能记得的是它给我自身所带来的刺激。这对我来说完全是新鲜的，而这要归功于利维斯。我孜孜不倦地读了大量书籍，尽管我鲜有兴趣去读那些批评理论，也从不去图书馆费力查找那些批评理论经典书目。事实上我从来就没有进入一种成熟的文学批评状态中。我喜欢买缩印本——比如肯尼思·缪尔［Kenneth Muir］评注的《缪斯丛书》［Muses Library］系列中的马维尔单本或者《世界经典》［World's Classics］系列中的丁尼生单本抑或企鹅出版社的霍普斯金单本——与它共处一段时间，直到纸张变得柔软、温顺，然后我会产生一种已然拥有的错觉。这是一种庄严的享受主义，就像是慢慢品味好果子。

在这两三年结束之时，我对利维斯依然敬而远之，我可以重构种种理由来解释这一点，尽管我认识到这些课程和他本人的价值，而文学批评本身并非我的志向，它甚至无法引起我的兴趣。它是一种混合物，正如我在阅读文学作品时感受到的各种瞬间情感那样异乎寻常。我记得当时我们中很多人都很厌恶某类模仿作品，《精读》杂志进入晚期时，弃此类稿件如草芥，而同时当然谁也不会将这种弃用态度昭告天下。这种态度中有一种怀旧之情在作祟，《精读》杂志早期——20 世纪 30 年代——涵盖范围之广远甚于如今。最为重要的是，我对其他东西慢慢产生了兴趣。

通读这段关于利维斯的描述，我对它的缺乏真实性感到震惊。要在短短几页内容中体现用词技巧并处理描述某人时突然冒出的主题，而在叙述上又必须简洁明了，于是便在真实性上做了妥协。这倒是可以容忍的，既然我知道实情，并且会将它考虑进去。我无法控制的是，尽管我已经格外注意时态，但是所述文字仍然将我当下的感受掺杂到过去的感受之中，过去的感受不是静态的，而是经历了不同的情绪和阶段，远不是文字呈现出来的定格状态。准确来说，哪个时间才是"过去"呢？稳妥起见，我应该着眼于现在。

我大可如此说：我现在对利维斯的直接记忆并没有我在沉积的记忆中认可的与之有关的信息可靠。比如说，我确信正是因为利维斯，我才时不时地忧心关联性问题——对于某物的看法，尽管是中肯的，但是否有可能增强或者削弱了它本身的生命力（"威尔士韵律"）；并且我认为技巧和道德在艺术作品中可融于一体，试图孤立任意一方兴许都会令人感到沮丧，更甚者会带来毁灭性后果；凭借介于高雅艺术与低俗艺术之间的技艺创造的艺术品（顺便说一下，它并不具有高雅艺术或低俗艺术的双重性）同样具有价值和令人愉悦的东西。利维斯本不该以如此粗俗、苍白的术语谈论此类事情，并且我确信其他人也同样做过，但是我是从利维斯那里听到这些论调以及其他诸如此类的倾向。

或者我也可以这样说：我觉得现在很难读懂利维斯，尤其是那些他在我那个时期之后所写的东西，然而我发现威廉·燕卜荪［William Empson］的《朦胧的七种类型》［*Seven Types of Ambiguity*］，现在读起来依然令人振奋。这部分归因于燕卜荪的关注点非常明确，而利维斯总是试图同时处理很多东西，并且其中很多东西是属于已然过时的文学评论策略。同时还因为二人不同的批评观点。他们的观点都具有独创性，而燕卜荪近乎狂热的简洁文体是当时最文雅的批评语言之一，这是他身为诗人的独有才能。我认为利维斯的语言缺乏类似的文雅并不重要，他的文论适合处理复杂的平衡、典故以及评鉴，这些正是他想要表达的东西。我的问题是在五十年里，我坚持不懈地抵制这种文论，试图不模仿利维斯的论调。

要是有人试图做利维斯论视觉艺术、绘画、雕塑以及其他艺术门类方面的研究，那将会怎样？那时我偶尔会思考这个问题。我现在不能准确地孤立对待那时的想法，因为那些想法对我而言已经足够完整，它本身具有新陈代谢的能力，可以自我进化到我后来及现在的所思所想。但是显然第一要义是我们该如何进行调整以达到不同媒介的要求。我记得——我在自己的摘记中曾做过笔记——有一次利维斯点评某位评论家的情形，这位评论家在谈及某首诗歌时，引入了"美"的概念。"美"在文学评论中并不是一个恰当或者有用的术语，尽管如此，利维斯还是毫无重点地说道，也许"美"这个概念应用于视觉艺术才具有正当性。而这对他而言无关紧要，并且我也不能确定当时他到底是如何看待美的，也许类似于黄金分割之类的东西。然而，美的概念发生质变也可视为是一种破格。

这里最大的分歧在于文学用于表现生命意识和世界意识的媒介和评论家使用的媒介是一样的：语言。文学评论自始至终都是一种发生在客体与主体之间的文字行为。文学语言须不同于评论语言，语言和描绘之间的区别不是简单的传统媒介和模拟媒介之间的区别，这其中涉及各种不同的要求，而视觉艺术依然是一种关于形状和色彩的行为，艺术批评并不需要跳舞或画画，它的语言与视觉艺术有着不同的关系。同时这两者之间还存在一些因情况不同而产生的差异，比如物质材料和场所、时间以及感官的内在条件等。《精读》杂志曾有一位研究威尔弗雷德·梅勒斯［Wilfred Mellers］的活跃音乐评论家，但是他在艺术评鉴上并没有展示出相似的写作才能。《精读》杂志未能提供一个鲜明的典范。在剑桥读书时，我还读拉斯金［Ruskin］的书，读了一点《现代画家》［*Modern Painters*］、《威尼斯之石》

［*The Stones of Venice*］以及缩印本《建筑七灯》［*Seven Lamps of Architecture*］，为的是建立起对艺术内在朴素价值的信心；同时还读了海因里希·沃尔夫林［Heinrich Wölfflin］的《古典艺术》［*Classic Art*］（1899）第三和最后一部分，这部著作似乎提供了几种基本的评价类别。这些书，再加上（出于不同的原因）欧文·潘诺夫斯基的《视觉艺术的意义》［*Meaning in the Visual Art*］，大体上就是当时我所涉猎的著作中个人喜欢的。我敬重罗杰·弗莱［Roger Fry］，但是他的著作并没有引起我的兴趣。我想要的是一条直接通往视觉本质属性和社会价值的捷径。然而根本不存在这样的捷径，尽管我得承认，以我的标准来衡量，L. C. 奈茨［L. C. Knights］的《约翰逊时期的戏剧与社会》［*Drama and Society in the Age of Jonson*］是一本另类的典范之作。

（在写这些文字时，我偶然发现了一篇令我沮丧的长篇书评，原本打算在一本杂志上发表，但未获得我的朋友杰弗里·斯特里克兰［Geoffrey Strickland］的首肯，最终未能发表。书评的对象是帕特里克·赫伦［Patrick Heron］的《艺术形式的转变》［*The Changing Forms of Arts*］，此书主要是他十年里在《新政客》［*The New Statesman*］上发表的评论合集，而我写这篇书评的时间和此书出版的时间是一致的，都是 1955 年，也就是在这一年我离开了剑桥。我完全误读了赫伦所述的令人费解的"抽象"与"具象"之间的对立关系。我的行文流露出一股虚假的博学之态，语调也令人惊愕。）

第四章

游学：1955—1958年

一

在剑桥的最后一年，我决定，或者至少认识到内心有一个坚定的意向，即在十年内，我不会将自己圈囿于某一行业或者职业中：我现在二十岁，在三十岁之前不想安顿下来。印刷业已不再是我的目标。我还有一个志向是写小说。要想确定我能否写小说是一件花时间的事情，因为这不只是单纯地为写作而写作，而是为了谋生。我意识到自己缺乏生活历练，而普遍认为优秀的小说源于生活体验。我想通过教书或者参与大学的一些课题研究来养活自己。我的这种谋生方式与 D. J. 恩赖特［D. J. Enright］——他便是后来《托钵教授回忆录》［*Memoirs of a Mendicant Professor*］的作者——如出一辙，我对他早就有所耳闻，并且非常敬仰他。我想写的小说不是严肃小说或先锋小说，也不是沿袭劳伦斯或乔伊斯那种写作方法。我感兴趣的是写一部反映中产阶级趣味的好小说的可能性。康拉德最好的小说中有几部似乎便是如此，但是它们属于另一种类型，这类小说现今被称为类型小说，我大可举出埃里克·安布勒［Eric Ambler］以及十来位以这种风格写作的作家。这类小说的水平远在奥格斯·威尔逊或艾里斯·默多克的作品之下，我试图将写作此类小说作为我日后的正当职业。这一壮志依然未酬，因为我并不具备真正的叙述能力，但是它撑起了接下来五六年里曲折的自我定位之路。

　　我认识的第一位小说家，即我心中的"大牌小说家"是写畅销历史小说的，最近重读他的作品，我发现他的小说基调格外严肃，细节素材真实。这位小说家便是澳大利亚人菲利普·林赛［Philip Lindsay］——令人肃然起敬的杰克·林赛［Jack Lindsay］的弟弟——他是一位面色通红、留着胡髭的男人，由于战争压力，他在切普斯托为自己找了一个教书的工作，直至战争结束。在这之前他曾在柯达电影公司工作过一段时间。他会从自己的书如《哈利先生退休》［Gentleman Harry Retires］和《国王来了》［Here Comes the King］（它有一个刻板的美国版本书名——《皇家丑闻》，"史上最阴险、最无畏的宫廷爱情故事"）中选取一些场景，然后读给我们听，以此打发课堂时间。《哈利先生退休》的彩色封面背后还印有他其他著作的宣传广告，林赛的波西米亚风装束很有魅力，我借机结识了他，或者说巴结了他。我扛着一柳条箱烈酒——专门货运过来为他准备的——去了他的房间，并留下来与他交谈。我借给他一本塞西尔·戴·刘易斯［Cecil Day Lewis］的书，题目似乎是《哦，诗歌！》［Poetry Ahoy!］，此书是父亲送我的，晦涩难懂，他再也没有还给我，对此我很满意。大约一个学期之后，他去伦敦过周末，之后我再也没在学校里见过他，但是战后十年里，他写了大量作品，一直留在公众的视线里。他现在还是职业作家，而在这一点上我没有履行诺言，他能做到这点，部分原因是他笔下的人物角色本身几乎就是战前畅销小说里一个陈腐的角色——埃里克·林克莱特［Eric Linklater］或许还写过这个人物——我至今仍感到不快的是现今的文学创作者与他差异甚大，事实上他们一直如此。

　　离开剑桥之后，我有过一年懒散的摸索期，事实上这是为自己找借口，但是并无正当理由，当时我申请为期两年的服兵役请求意外遭拒。而之前我也没有做好找一份工作稳定下来的准备。那一年我做了各种不同的事情，从房屋粉刷到学习意大利语等，但是没有一件事情做得长久或者产生一些影响。这一年里最要紧的事情是决定文学或者视觉艺术是否可以成为我长期关注的对象和日后奋斗的目标。有一两年的时间，我逐渐倾向于艺术，但是这里涉及一个复杂的心态，即我不想步我父亲的后尘，此时他已经是苏格拉国家美术馆的馆长了。视觉艺术是他的事业，因此不适合我。青春期是很顽固的。从这一年开始，我记住了某些做出重大决定或得到心灵启示的时刻。有一次在庞蒂弗拉克特的高架铁路上，我突然异常清醒地认识到我不能接受刚刚面试后获得的谢菲尔德某一语法学校的教职职位，或者任何诸如此类的工作。另一次是在维斯特罗斯〔Wester Ross〕某个鹿苑深不透风的峡谷里露营时，我感到恐惧无比。就是在这段时间，我对爱丁堡有了最深的了解，并且两年前我的父母也移居至此。然而这一年是支离破碎的，并没有对我当下的目标产生积极的影响。不过我确实向英国文化协会递交了次年去意大利游学的申请，并获得了一笔不多不少的奖学金：这个项目的目的是了解意大利文艺复兴对英国文艺复兴的影响。

　　1955 年秋天，我启程去了意大利。冬天时我就待在帕维亚的大学里，距离米兰南部十五英里，春天到来时，我便开始游走，进行实地考察。我的一部分奖学金用来支付帕维亚博罗梅奥学院〔Collegio Borromeo〕的住宿费和伙食费，这是一所非同凡响的学院，1562 年由圣·卡洛·博罗梅奥〔San Carlo Borromeo〕创立并给予资助，起初是为了安置二十至四十多位优等生，现在仍然由博罗梅奥家族维持学院的运转，目前有八十多位学生，其中包括五六位留学生。学院是一座庄严的手法主义建筑，由佩莱格里内洛·佩列格里尼〔Pellegrino Pellegrini〕设计建造，隐匿于帕维亚城一处僻静区域，靠近提契诺河〔Ticino〕：华丽的临街正门面向一个广场，平日里空荡无人，稍显压抑的庭院四面是两层楼的建筑主体，两层楼之间另配有夹层房间，一个装饰着伟大壁画的庄严的沙龙〔Salone〕以及其他富丽堂皇的房间，同时在底层还有一个小教堂；主体建筑后面是一个 18 世纪开放式花园。这座建筑很快就被写进了瓦萨里的《名人传》［*Lives*］（1568），当时书中称它是尚在建造中的"知识殿堂"［*palazzo della Sapienza*］。这里没有正式的教学活动，但会举办各类讲座和研讨会，并且还拥有一座图书馆。我曾经担心身处此地会让人感到局促，但事实上在这里感觉相当之好。

首先这里的氛围，再加上我沉浸于此使得我的外语进步飞快。我的意大利语基本是从阅读但丁作品开始学起的，但是现在我住在意大利，吃在意大利，在语言上必须顺应生活化的意大利语。事实上，学院的食堂管理对我而言很不寻常。我们八十个人，每个人都有规定的就餐座位，餐桌则是基于环绕餐厅四面的高台而设，就餐时只能坐在里侧，背对墙壁，就像绘画作品《最后的晚餐》里的场景，或者类似某种宗教法院或教会会议室，只是这里不设高桌。体貌如蛙的伙食管理员站在餐厅中央，动作优雅地指挥着戴着白手套、穿着制服的服务生，他们个个身材修长、动作敏捷。餐桌闲聊都是泛泛而谈——有时会大声喧哗——且都是地方性话题。与我同桌而坐的有多纳热马［Donagemma］，一个笃信宗教、身材浑圆的大学生吃货（他在恋爱期间，几何科目成了大难题，这事自大家落座开始一直被反复提起，并受到无情的打趣，直到离开餐厅）；瓜尔达马尼亚［Guardamagna］是一个乐观的医学生，但主要兴趣在足球和喝酒上；而科隆博［Colombo］是一个清心寡欲的律师，他将全部激情投入到以南尼社会主义为立场的左翼政治中。从他那里我第一次知道了非凡的葛兰西［Gramsci］。我学习语言的另一些场所还包括台球室和提契诺河南边一两个廉价的小酒吧，酗酒在这里屡见不鲜。

博罗梅奥学院院长唐切萨雷·安杰利尼［Don Cesare Angelini］是一个七十岁的瘦小牧师，长着伦巴第人的鹰钩鼻，浅灰色的双眼。一战期间，他作为牧师跟随山地部队远赴澳大利亚前线，就在二战爆发前夕，他成为博罗梅奥学院的院长。他是当地人，是农民的儿子并以此为荣，不过他还是文学领域的大人物，一个纯文学作家，并且是很多大作家的朋友。他在此地形影相吊的生活兴许有几分落寞——夏夜时，他在花园里弹拨吉他，琴声里有一种强烈的忧郁感——同时人们还抱怨他监视学生等。然而就我个人而言，我喜欢他，并且乐意与他交谈。我经常和他聊天。丹麦人和德国人（他的直观感受且如此认为）易于沉湎于酒精，而法国人和西班牙人以及思想成熟的拉丁人则不会（尽管法国人有其他方面的问题），但是这两种情况在英国人身上都有可能发生：学院前院长来自英国，曾是一个耍酒疯的酗酒者，我想自己被院长召去谈话兴许是院方想确定我是否也有类似征兆。我们工作勤勉，对我来说，他们是有趣的萍水相逢之人，尽管我总是过于拘谨，难以与人轻松相处。

真正与唐切萨雷·安杰利尼相处融洽的人是与我关系最密切的一个外国朋友，他就是达内·马丁·伯格［Dane Martin Berg］。马丁，三十出头，是一个功成名就的小说家兼翻译家。他来此地名义上是为了完成一项有关伦巴第罗马式风格的研究项目，事实上是为了写一部小说。早上时间，他用来写作。下午，他会时不时地和我一起去一个小规模的艺术史图书馆，在那里愉快地翻阅金斯利·波特［Kingsley Porter］的伦巴第早期罗马式砖墙的精美画册全集。下午更多的时候是一起散步，探讨生活或者马丁书里正面临的问题——关于当天早晨所写内容中出现的问题。回首我们共同经历的事情，在准确度上居然存在很多问题，这令我着实感到震惊。比如说，在酷热的夏季森林里，一场短暂的阵雨会使森林挥发出气味还是压制了它的气味？你可能会说，要是作家无法立即回答这个问题，那么还是省略这种描述为好；确实倘若作家想将此事调查清楚，他很快便会发现是在自寻麻烦。然而，让我感兴趣的是理解一部小说居然需要如此依赖作家和读者对日常生活有组织的观察：可以这样说，对生活的观察是理解一部小说的媒介。

在帕维亚，我和大学的整体步调稍有出入。这所大学的重点专业是法律和医学，从这层意义上来讲，它仍然是一所文艺复兴风格的大学。文学和艺术是边缘性的，各由一位从米兰匆匆赶过来的老师授课，一周一两次课。教文学课的男老师名叫兰弗兰克·卡雷蒂［Lanfranco Caretti］，他非常优秀。整个冬天他的主课是围绕着塔索［Tasso］的《耶路撒冷的解放》［*Gerusalemme liberata*］展开，尽管他也教另一门很有独创性的课程，内容是关于1919—1923年期间《巡视》［*La Ronda*］杂志的状况。正如我在剑桥听过的唯一一门令我满意的古典课程——R. A. B. 迈纳斯［R. A. B. Mynors］讲解卢克莱休［Lucretius］——卡雷蒂讲解塔索也是采取评论性授课来读解某一文本的老式授课方式，以慢读、精读的方式来阅读某一本书。如果必须以系列讲座方式来授课的话，在我看来卡雷蒂的讲课方式仍然是颇有成效的，并且在保持平衡和强度的过程中显示出一种真正的敏锐性。后来卡雷蒂在佛罗伦萨干出了一番大事业。

　　至于艺术课，帕维亚的艺术老师学问不差，但为人古怪。沃尔特（有时也叫爱德华多）·阿尔斯兰［Wart Arslan］是一个发福相的腼腆男人，那时他正接受一种高级鉴赏训练，判断艺术品的归属是绝对性要求。在冬季学期里，他的讲座完全围绕着创建威尼斯画家拉扎罗·巴斯蒂亚尼［Lazzaro Bastiani］（约1430—1512年。巴尔托洛梅奥·维瓦里尼［Bartolomeo Vivarini］的学生；同时还受到乔瓦尼·贝利尼［Giovanni Bellini］的影响，晚年时不无可能受到卡巴乔［Carpaccio］和奇马［Cima］的影响：贝伦森词条）的作品全集展开。研究拉扎罗·巴斯蒂亚尼的难点是漫长的时间周期、他曾经尝试绘制的那些荒诞的各色人等、缺乏文献资料和显赫的委托人、几乎没有明确的身份信息等。讲授这些主题——"时代之窗""个案研究：我们是这样做的""探讨一处疑问"——都可以找出各种借口，然而当同一套三十张黑白幻灯片，鉴于围绕归属问题的种种插曲，周复一周地播放时，它们似乎全都变得不真实了。不管阿尔斯兰所做的归属判断正确与否，是否与史实一致，无非都不是一个一对一的问题：这种行为在其他很多领域里同样存在。

　　唐·安杰利尼曾提醒我，也许我到时不会觉得沃尔特·阿尔斯兰的课有"诗意"，我的确没那么觉得。唐·安杰利尼自身性格里的诗意更具挑战性。这是另一种文化修养。他偏爱绅士文学史——主要围绕着伦巴第作家如曼佐尼［Manzoni］和乌戈·福斯科洛［Ugo Foscolo］——以及以精练而极具鉴赏力的语言再现风景画及其情境。正是后者激起了我的兴趣，因为英语语言在再现艺术品时体现出来的高度简练之风，比如准确的用词流露出来的精准、乐感以及朴实等特点，原本已然令我退缩，但是显然意大利语在语言再现艺术品方面与英语截然不同。安杰利尼将相异的文学事实揭露了出来，同时训练了不同的语言形态，而我对他的这种风格并无把握，所以无论如何都不会表现出盛气凌人的样子。我们可以从中学习艺术上的表达手段——语汇。

　　我想乘兴翻译一页安杰利尼的文字。这段文字出自一本题名为《五渔村》［Cinque terre（e una certosa）］的小文集——我手头的副本很独特，尤其是赠书者给我的题词：永远的博罗梅奥人并以召命为志业的学者［borromaico per sempre e letterato per vocazione］——书的内容是关于帕维亚东部乡村的秋景。

　　很少土地能像洛迪［Lodi］平原那样给人一种丰富、纯粹肥沃之感，它是一块理想之地，独特之地，缕缕阳光直射大地，一条河流顽皮又灵活地在田地之间穿流而过，既是装点又提供了养分，匆匆而又生气勃勃。抑或这条河流被引导至排水沟或沟渠又或者水沟，蜿蜒绵长，陪伴着条条道路，道路两侧各有两条排水沟相伴而行，从而赋予道路一种强烈的威严感。这是一种适宜的灌溉和培育系统，如今依然闪耀着本笃会修士［Benedictine］的智慧之光，他们第一个想到了这种方法，继而颁布法令并且实施。

正是因为有了这条雨水充沛的河流，此地万物蓬勃生长，如此我们才能更易于发现一个神奇秋天的踪迹和图景。因为秋天步履缓慢、细腻、毫不掩饰，是最能被人觉察的，它又是一个庄严的季节。在这个丰沛和舒适的季节里，万物生长最为蓬勃；在最肥沃的土地上，我们找不到像它那样富饶的宝地，一排排的白杨、杨柳、接骨木和悬铃木树立其间，望不到尽头，同时广袤的草地上回荡着成群母牛的咆哮声，它们因为被田中心之外的野兽抓伤而发出悲鸣，整个草地流露出一种纪念碑式的庄严。

正如我刚才所言，这里的秋天更加明智，正如人类那样进行自我掠夺，秋天里的树木可制造成各种日用品。春夏时，可用来制造枪靶，又可搭建戏剧舞台，在这个舞台上，它们自身似乎既是观众，又是演员的同伴，借助舞台，它们表达出了空间、孤独以及沉默，同时这片土地向四方扩展，与天空齐宽。确实，这里的秋天自鸣得意，它吞噬所有的生命形式；那些看似令村野之地越发贫穷、不优越的东西，却真正丰富这块土地，一旦它拥有了美，它便具备了冥想和忧郁的特质。

所有这些似乎在说：春天或许给了这片土地一个躯体，但是秋天却赋予其灵魂。谁要是想追寻洛迪乡村的灵魂所在，那么他在秋天时前往那里必有所得，因为此时在这片大地上，看得见的形式已然被转化为看不见的形式，大地换新颜。这时，河流水量无比充沛——"雨意伦巴第"！——沟渠里的水流更加欢快、洁净；牧场上枯竭的绿色慢慢褪去，仿佛长笛的音符在风中颤抖；这个季节特有的湿度酝酿出一层层迷雾，梦幻般的轻雾赋予这片大地质朴的含蓄美，甚至在大地日渐萧条之时，它就像面纱一样笼盖四野。

愿秋天的朦胧感常在！

若此番描述与拉什地区［Lush Places］的景色有雷同之处，那是

1. 与雷娜塔在一起
2. 在拉德诺郡农场

3. 在斯诺登尼亚

4. 在曼彻斯特文法学校（后排，左起第三）

Eigenhändige Unterschrift des Hochschülers:

Michael B. randall.

5. 在剑桥（中排，左起第二）
6. 慕尼黑图书馆借书证

7. 在哥本哈根与马丁·伯格及一位不知名的朋友在一起

8. 在维多利亚与阿尔贝蒂博物馆

我的错。洛迪平原继续演绎着色彩变化，这是树叶在最后的挣扎中所展现的颜色，也是日落情结的颜色。

那年伦巴第的秋天很快被冬天取代，事实上是被一段冰雪和浓雾交加的日子取代。帕维亚是一座砖塔构成的城镇，在这场浓雾中，整个城镇的面貌比起现在来要显得破旧、不那么光鲜，但是也多了几分神秘，甚至还平添了几分诗意。我的房间天花板很高，窗户很大，地上铺着瓷砖，显得很冷。我躲在被窝里看书，把能盖的被子全部盖上，吃着廉价的热巧克力，以此满足对糖分的渴求。

我喜欢去米兰走走看看。帕维亚相当于米兰的一个卫星城，米兰仍然是我个人感情投入最多的一个意大利城市，尽管自那时起我在意大利其他城市逗留的时间更长。我坐上一辆开往米兰的汽车，然后逛博物馆和书店，上皮科洛剧场（看哥尔多尼和皮兰代洛的戏剧，看维斯康蒂和斯特雷勒的电影），去看一位姑娘——她是我在从加来 / 巴塞尔到米兰的火车出来时偶遇认识的，但是这个地方的影响力一般。作为一个城市而言，我无法理解人们对于佛罗伦萨的偏爱。米兰在我心中的图像是清丽晨光中的米兰或者黄昏时分的米兰，当华灯初上，天空中还留有落日的余晖，米兰在我心中就是这样的美景。我完全想不起来时常令人感到压抑的伦巴第午后是一派怎样的景象。我不能确定一个人对某个城市的怀旧之情究竟有多少兴味，又是什么因素使我们喜欢或厌烦某个特定的城市。且不论一个地方的客观优势以及一个人在此地的好坏经历，对于一个地方的大部分印象都带有联想性或者暗示性：米兰具有一种强烈而又独特的 19 世纪气氛，我那时觉得很浪漫，现在依然这么认为。然而我知道我对某一类城市——里斯本、慕尼黑、爱丁堡、米兰……有某种偏好，这类城市具有一些共同特征：城市面积大却算不上一线大城市，在布局上保持着多样性和规范性之间特有的平衡，对历史人物评价上采取了一种截然对立或者辩证的观点，处处灯火通明以及市民身上所流露出的精力充沛和合理的自我同化特质。从不摇尾乞怜。

三月时，我开始游走，每次都是为期一两周的旅程，间隙我会回到帕维亚待上几天，一来重新配备补给，二来为下一次旅行做一些前期阅读。我的第一个游学目的地是威尼斯（拉扎罗·巴斯蒂亚尼生活的城市），不过后来几次旅行通常是去稍稍偏离城中心的城市，大多数日子是在威尼托大区［the Veneto］或马尔凯大区［the Marches］或者继续前行去伦巴第。我生活节俭——午餐通常是在农场里解决，住宿可能就在某位遗孀家的一间房子里解决，这种信息还是从汽车站打听来的。小镇的汽车站便是一个社交便利区，满是尘土的蓝色汽车开往各个边远小地方，我发觉这个蓝色世界其实非常浪漫。旅程中的每个夜晚都在孤独中度过，写笔记、查看地图和时间表或者在某种审美领悟中度过。我现在觉得这些旅行有些不可思议，然而我也确信它们对于我而言是根基所在。我以前也曾去意大利旅行——一次漫长的旅行，和两位剑桥的朋友一道开着一辆越野车前行——但是与这种游走方式不同。现在我是驻扎在某个地区，从我列出的向往的城市名单中挑中几个，然后动身前往。我罗列的城市名单主要取自雷蒙·范马尔莱［Raimond Van Marle］那本具有争议性却插图精美的《意大利绘画学派的发展（1923—1938）》［*Development of the Italian Schools of Painting*（1923—1938）］。当我觉得需要材料时，我便看着它，等待神启。更准确地说，我在等待自己做出回应。这似乎对我来说颇为奇怪，因为我对艺术作品向来都会做出直观的反应，本应该在这方面对自己有足够的信心才是。我对艺术知识或者信息几乎一无所知，因为我在这方面读得很少。有时我肯定也会做一些笔记，偶尔翻看这一时期所做的观察笔记，发现那些文字苍白且毫无价值可言。

然而这些邂逅提出或解决了一些问题，在此后很多年里，我都在思考这些问题。我们有必要对这些客体特征进行思考或者确立其概念以便理解它们吗？也许有必要，但是应以何种概念去理解？它们的概念？历史知识框架——艺术史同时还有文化史——有望为此种理解提供条件吗？可以肯定的是：历史知识框架的疏远感令人毛骨悚然，并且人们总是执着于考问历史知识框架所产生的情境。那么对于绘画的直观感觉［feel］和对于人性和情绪的直观理解又处于何种地位呢？我们能够做出相对客观的评价吗？不管怎样，我们都在这样做，那么我们又是以什么身份去做这些？

我在剑桥自觉践习的一条重要评论原则，也是一条颇为普遍的原则是否认或者拒绝接纳一件作品中你直观认为不相称或者不合适的因素是没有意义的。倘若你对作品的反应中含有一种强烈的情感因素，或者一种减弱了的浪漫主义，抑或对某种肤浅的艺术风格情有独钟的话，那么试图驱除你自身的这部分内容并无益处。它们是一个人精神中固有的东西。无论怎样，它们或许是无法被抑制的东西。我们能做的是认清这些冲动，或许可以尝试稍加抑制，控制它们的力量，并且在某些情况下兴许可以忽视它们，但是首先我们得了解它们是什么。我那时想必不会以这样的措辞表达自己当时的想法，但是如果我当时面临这样的挑战，那么我想必是会写出前文最后五六句话的。这是普遍态度之一隅，就我而言，我称之为"有选择性的听之任之"［selective drifting］——一条极其重要却颇具讽刺意味的原则，从某种程度上来说，它的目的是引导努力的方向，兴许这可以产生一定的作用，但同时也是自由意志和决定论的一种托词。

这是我在英国以外国家生活的第一年，我开始克服的一大困难是民族情结。也许用"克服"［work through］一词来表述这种困境都显得过于轻描淡写了，因为这个过程几乎不是一场积极反思的征程，更像是由一些情感、不相关联且混杂的小插曲组成的长断片，比如与科隆博讨论塞浦路斯争端、对于性自我中的自负成分的认可、对失去的惬意生活的怀念（初冬时的下午茶时间和温热的餐叉）、目睹让人反感的英国旅行者和令人讨厌的意大利富人种种不可思议之事、模仿英国绘画稀薄用色和意大利后文艺复兴诗歌，担忧意大利猫猫狗狗和贫困民众的命运……要是我再列举下去，就显得冗长乏味了：我只是想记录这种混杂、低微生活的小插曲。学会接受当地文化现实的过程是漫长的，它是经验、调整以及改变平衡的不断累积过程，然而碰巧的是当年我碰到的仅有的两件具有英国风范的事情都令人感到沮丧。

在罗马的一个月里，我住在博尔盖塞〔Borghese〕花园里一所条件相对舒适的英国学校。住在学校是出于节约的考虑，并且我住的房间非常适宜读书与写作，但是从平常经验来讲，这个地方是一个劳苦之地。当时居然没有一位作家以英国学校为背景写出一个阿加莎·克里斯蒂〔Agatha Christie〕类型的谋杀故事，着实让人惊讶，因为这类恐怖故事所需要的要素，这里一应俱全——一群来自各行各业背井离乡的英国中产阶层，过着一种背离时代的墨守成规的生活，并以此抵抗这个城市的异国背景，其中有几个英国人有时还去过这些异域国家。我在此不点名，但是我估摸着有三个名副其实的受害者以及另两位不可略去的人。初春时我来到这里，其他人在入冬前就已经在学校里待了数月。我是一个无拘无束的人，深受各种私房话和道听途说的困扰，但是我是一个被动的聆听者，因为不知何故当时用英语表达时，总是话到嘴边竟一时说不出口，尽管我当然没有忘记母语。我仍是以英语思维进行思考，但就是无法自然而然地用英语表达我的想法，因习俗不同以及整个冬天沉浸于意大利语境中，造成了我母语的笨拙状态。

我现在忽然想到一点，尽管在那个时候我并未意识到，这所学校就其建筑本身而言，它是某种英国特性的一个隐喻，而这种英国特性正是我强烈反对却发现顽固流淌于我的血液之中的。要是严肃看待这座建筑的话，从许多层面来讲，它都是一个骗子工程。整个外观模式原封不动地沿袭 1911 年罗马世博会英国馆的造型，当时的英国馆就建在此地。埃德温·吕特延〔Edwin Lutyens〕是当时英国馆的建筑师，后来成为这所学校的建筑设计者。于是这所学校便介于原计划中的模仿品和名副其实的媚俗之作之间——它充分体现了帕拉第奥建筑风格，建在罗马城感觉很突兀，然而它是一种彻底洁净版的英国帕拉第奥风格，狡猾的内德［Ned］ ·如既往地宣称，其表现方式过于华丽了，这次是建筑正面华丽的元素恣意铺展至侧面，这种令人厌倦的技巧很快就成为新德里帝国末期的建筑特征。那便是——或者过去也是如此：建筑内部从此便进行了改建——建筑正门之后再无其他结构，除了四面空荡荡而又毫无特色的房间。

这所英国学校并不是我所认为的英国特性的一部分。我在来这里之前，不认识任何人。我记得那年在意大利再度偶遇的唯一一个英国熟人是莫里斯·沙皮拉［Morris Shapira］，他是我在佛罗伦萨偶然认识的。我在叙述关于剑桥篇章时，将篇幅限定在速写利维斯这个人物上，以期最大限度实现我的意图。那一时期的剑桥似乎有很多值得追忆的事情，而我对此的回忆录只提供了一种浅显的侧面印象，且是一个不成熟之人所提供的不同版本。莫里斯·沙皮拉在各种不同的回忆录中都出现过，至少在某本小说中曾有他的身影，他比我早一两年到剑桥，在唐宁学院时曾担任利维斯的助手若干年，且是他指定的接班人，尽管他后来命运多舛，以不幸收场。他算不上是我的朋友，事实上我在就读唐宁学院的大部分时间里，他远赴哈佛求学，但是我和他是德高望重的司汤达研究者杰弗里·斯特里克兰［Geoffrey Strickland］的共同朋友：我记得一次杰弗里铁面无私地斥责我不该调侃缺课的莫里斯，这让我当时羞愧难当，而我的确觉得莫里斯这个人既令人生畏又滑稽可笑。这次在佛罗伦萨乌菲齐附近偶遇，作为他的意大利语翻译，他让我帮他找一个住处，于是我们便穿梭于佛罗伦萨城中心往北看似最不讨人喜欢的街道找房子。难办的是他想找一处条件稍好，最为紧要的是——他一字一句地告诉我——要干净些的，并且要物超所值的房子。我已经想不起来最后找了一处什么样的房子。

　　我现在能想得起来的是他站在炙热、苍白而又尘土飞扬的人行道上的情景。曾在某个时期，社会进步分子都是一袭黑皮衣打扮——尽管我现在无法确定这从多大程度上来说是当时意大利的潮流和特征——而莫里斯兴许受到诗人汤姆·冈恩 [Thom Gunn] 的启发，全身上下全是皮革制品。他脚穿一双飞车族黑靴，套着一条亮闪闪的黑皮裤，身穿一件黑色皮夹克，戴着一顶指定佩戴的塑料头盔，以此确保实际行驶在道路上那些大型交通工具不会贴得太近，同时也能确保装备的合法性，莫里斯的打扮着实惹人注目。他一副精神抖擞的样子。就外形而言——一袭黑衣、白皮肤、五官端正，开始谢顶——他极易被当成佛罗伦萨本地人，甚至可以做布龙齐诺 [Bronzino] 肖像画的模特，但是他沿街走路的步态中流露出一种高贵的气质，而这种高贵不同于意大利的伟大崇高，不易为观者察觉。人们可以凝视他，但是他的形象只为自身而存在，昂首阔步充满自信，即便这种步态跟他所穿的皮裤不无关系。我拖着沉重的双腿，与他结伴而行，心里却在想——当时他一定抛出很多让我思考的话题——科克托 [Cocteau] 执导的《俄耳甫斯》[Orphée] 中那两个摩托车死亡骑士真是十足的蹩脚演员，身边的莫里斯才是具有威慑力的死亡骑士。与他在佛罗伦萨偶遇的两天里，我发现那些认为他的自信是种威胁以及剑桥发出的这种警示简直是一派胡言。

　　那时来自英国的最新消息总是令人感到窘迫。我从未处理好民族情结问题，尽管多年后，这个问题已经不再急迫，同时它又变得更为复杂。我承认直到意大利一年生活结束前，我都感到自己在刻意疏离很多与英国有关的事情，只是这种疏离显得很不成熟。

　　这是 1955—1956 年的事情。意大利有很多面，我这么说并不是指意大利诸多迥异的地区，我指的是一个人对某个特定地方在某种特定际遇下的不同看法。地方也会分层，因各种不同的场景、人物圈以及机构而呈现出不同的色彩。在接下来的十多年里，我将带着不一样的关注点和任务重访当年去过的很多小镇，期望能在狭小的阅读室里寻找人文主义者的手稿，其间还在一种仍然保留着奥尔德斯·赫胥黎般色彩的异域托斯卡纳氛围中消磨时光。然而 1956 年意大利北部地区，那个尘土飞扬、蓝色公交车来来往往的意大利北部地区仍然是我的根据地。

二

1956—1957 年，我住在瑞士东北部的圣加仑市［St Gallen］。此前在意大利学习了半年后，我意识到对于我而言，不管是否成为小说家，艺术都是需要学习的，但是学习艺术需要很多钱。同时我觉得自己还应该学习德语。花费一年的时间在瑞士教书可以一箭双雕，似乎是明智之举，于是我开始通过《泰晤士报教育副刊》（*Times Educational Supplement*）找工作，并如愿将自己安顿了下来。

卢森堡学院［Institute auf dem Rosenberg］坐落在城区郊外的山脊上，这是一所国际学校，有三四百名学生和六十名教师，学费昂贵但并非一流大学，这座 1914 年前的建筑带有日耳曼山中小舍的风格。课堂之外的交流语言为德语，周日除外。我在瑞士、意大利及德语区教英语，并在"英裔美国人"（或者说混合区）区教一点拉丁语以及参与一般性监管工作。我的目的是赚钱并学点德语，为日后在德国学习做准备。

对于这一年的感受，不假思索地说便是无确定目标，几乎没有大事件发生，但是处于一种浓烈的氛围之中，即便现在我都很难描述那时的氛围究竟是什么。我猜想这种感受是由阅读激发的：正是这一年，我沉浸在德语小说中。不过我当时确实保存了一个记载零星琐事的薄文件夹，内有学校资料、规章手册之类的东西以及地图、少量照片，不过没有信笺，我将利用这些资料来打开记忆的大门。

　　第一条线索是文件中有关常规活动的资料，当时一个名叫莱茵哈德的男子因为对这些规定感到焦虑不安，于是对这份资料进行了篡改。我们来体味一下那种口吻：

　　午饭和茶歇之后，高年级辅导员会对学生宿舍进行巡查（擅自吸烟、未经允许去其他男生宿舍串门、宿舍内打架，等等）。巡视之后，集中意见，合成一份"现场巡查报告"（*Anwesenheitskontrolle*），在此基础上，务必提供一份需要整顿的宿舍名单。这些黑名单每周都会张贴出来，在检查日时务必从值班长那里及时索取。务必对学校内部、宫殿台阶和绿山丘台阶，时不时还要对肖伦餐厅进行多轮巡视，偶尔需要征求值班长的意见——在这种情况下，学校会负担茶水费。（摘自《巡视小指南》英文版本）

　　没有人会按部就班地根据这些规定事项做事。莱茵哈德是一个上了年纪的男人，大脑袋上顶着一头花白头发，犹如好莱坞电影里的参议员，他为名叫嘉德曼的人管理学校，此人在瑞士法语区还拥有其他几所学校，极少露面。（此时我脑中不禁浮现出一幅"画面"：嘉德曼抽着雪茄，坐在一辆美国豪车里莅临学校。不过这情景有可能出自乔治·格罗斯［George Grosz］拍摄的电影。）莱茵哈德亲自起草规章手册。制定规章手册的一个主要目的是万一学校出事，手册便是让他和学校逃脱罪责的保护伞，这一点我们都心知肚明。男生兴许会畏罪潜逃，或者纵火，规章手册对火灾的发生都有复杂的界定，反正让人感到根本无法将火扑灭。学生还有可能溺死于学校下方的西特尔河［River Sitter］，规章手册中详细写明了三种可能的溺亡方式。规章手册如此巨细靡遗、面面俱到，无非是想表明校方已然预见了每处潜在的危险，并告知相关人员防止危险的发生。（"拥有枪支或弹药的男生必须立刻上交保管［努斯鲍姆，60 室］"）。然而我觉得莱茵哈德卜达的大批文件，从某个方面而言，恰恰说明了与现实的脱节。他已经没有魄力安坐一旁指点江山，甚至一想到这些就让他不堪忍受。他无法忍受个体，当他与某个人单独相处时，他会陷入一种颤搐和口吃的无条理状态中。因而，他制定的学校规章制度是针对广义上的学校——不是"理想的"学校，而是一所没有特定的人之主体性的学校。

　　教学方面，课时很长，小班授课，倒是可以忍受，但是监管制度，或者说"*Aufsicht*"［监管］忍无可忍。我通常在乌里希霍夫［Ulrichshof］巡视，监管五十个十三四岁的学生，两三人住一间宿舍。每五天便要巡视一次，每次持续十六个小时。这时，巡视员需在六点四十五分叫醒他们去体育馆锻炼。（当巡视员进屋叫醒他们时，房间里污浊的空气着实令人难忘。我从规章手册上看到如下规定：学生必须每周洗一次澡，冬天时若开窗将被罚款 25 分钱。）巡视结束的时间是十点三十分，即熄灯后一小时。一个学期会轮到两次全周末，即周六和周日连续巡视——糟糕透顶的周末。并不是说管教学生难度大，大部分男生都很讨人喜欢，相对于他们的年龄而言，很多男生显得很成熟，很好管教。对于少数恶意或者捣乱的男生，巡视员自有镇压的手段，或者遇上镇压不了的，便直接忽视他。让人苦恼的是这种监管制度影响了一个人的时间质量。粉色备忘录（译文）：

巴克森德尔／祸伊贝格尔／雷施／格特纳／莫谢／黑特尔
　指示：乌里希霍夫——巡视
在长假期间［10 月 10 日—10 月 25 日］，负责巡视乌里希霍夫区域的教师需检查餐厅接待室的"快餐"发放事宜。巡视老师要确保该区有序、安静，间或扫视一番乒乓球桌两侧的走廊和教研室室外，这里经常会发生大声喧哗和争吵的情况。首轮"快餐"发放结束时，巡视员需快速查看乌里希霍夫的上层楼面，扫视那里的每个房间，确保一切井然有序。

莱

1957 年 6 月 4 日／星期三

在乌里希霍夫区域，我被称为"死神"。

我对以上种种鲜有印象。我想不起自己租借的任何一个房间、上课的教室，抑或乌里希霍夫教室的样子，只记得那里的地板是浅灰色的。我对圣加仑城印象最深的是城中心的西格咖啡馆［Café Seeger］、蓝色和浅黄色楞条花布交替出现的货摊，这些货摊在宽敞的前屋和里屋（它们色调迥异）安排得当，我现在还能画出它们的平面图。我把夜晚的一半时间用来阅读、玩国际象棋以及会友，聚会的朋友也都是学校的同事，因为我们几乎不与当地人打交道。对于这里的街道、建筑以及圣加仑修道院的印象，我的记忆也只限于一般旅游者或者一个节制购物者能有的记忆，但是我脑海里仍有一两处特别地方的图像，比如城市另一角的滑雪练习坡地，当我想逃离学校的监管时，便去那里滑雪，而这里的坡地表面很滑，难以掌控，几乎没法使用。然而现在看着这个城市的照片，我仍能辨认得出，并且与脑海中的图像相对应，似乎我有一张有关这些地方的精神地图或者说明书，我能指出它们的方位，但是无法从中显现它们的图像。

这一地区享有秀丽的亚高山田园风光——起伏的草地和森林，间或穿插着些许小峡谷。此地向北延伸至隐蔽且神秘的康斯坦丝湖［Lake Constance］，向东则是浅褐色的森蒂斯峰［peaks of the Säntis］，它是瑞士东北部的主群山。这一带是阅读德语小说的理想环境，也是典型的罗马式乡村，整洁又怡人，适合威廉·迈斯特［Wilhelm Meister］和约瑟夫·克内克特［Josef Knecht］漫步其间。然而尽管我可以怀想这一带的情景，也能勾勒出它的整体轮廓和一些有特色的组成部分，但是无法回想起任何一处真实的景致。

当然，这里也有我的同事，并且他们中很多人都很有趣，易于相处。此处对比一下两种情况：当我看着同事名单时，名字与容貌能对上号的不足四分之一，但是当我看着一两张教研室"重大突破"信息栏中所附照片时，名字与容貌能相对应的足有四分之三……多面手赫尔·洛伦斯 [Herr Lorenz]，他是唯一一位我听到他在发怒时会说"天打雷劈"的人：他娶了沉闷的洛伦斯女士，照片中没有她。还有阴险、不可捉摸的齐利希教授，他是一位独立神学者，我至今都无法理解他在学校里所扮演的角色，也许是上门诡辩家。谦逊但魅力非凡、讨人喜欢的巴克萨博士 [Dr. Baxa] 是一位数学家，这里本不应成为他事业的归宿……与我相熟的人大多数是举止文雅的人，来去皆匆匆。

试图刺激关于日常生活的视觉记忆，其结果反而是回想起那些忘却了的小事——那些与日常生活无关的东西。我现在突然想起自己常常出去旅行，去温特图尔 [Winterthur] 看画，去苏黎世买书，去卢加诺 [Lugano] 会友，只为保护隐私，同时因为我在全部四个区域授课，便知道各个区域的狂欢活动：英裔美国人常常去城里吃一顿沉闷的芝士火锅，但是意大利人会招呼到访检察官坐上公交车，来一次环康斯坦丝湖品酒游。我还记得有一次和二十个男生及两位教师一起游览格拉鲁斯 [Glarus] 的弗鲁姆斯伯格 [Flumsberg]，为期两天的远足毫无秩序可言，但我记得其中许许多多的瞬间。

每位组长需设定合理的步行节奏。快速登山是不明智的。更为重要的是让学生在心平气和、稳步前行的过程中欣赏沿途美景。（摘自《旅途带队指南》，第八条。）

一个鲜活的画面是我和组长克莱因博士——一位来自塞利西亚 [Silesia] 的讽刺作家，即使在和平时代也是一副痛苦不堪的样子——跟跟跄跄地沿着小路往下走，这段小路被浓密的树木围得密不透风，看不到尽头，毫无美景可言。经过下坡路一路颠簸之后，我筋疲力尽，克莱因的情况极其糟糕，昨晚在临时营房里喝了太多杜松子酒，他一直处于醉醺醺的状态。男生们出于道义，鼓起勇气告诉他喝得过头了，他喝的量远远超过了我。为了能在火车进站前及时赶到火车站酒吧，现在他们都走到前头去了，把我俩远远地甩在了后面。我们希望他们到时只喝啤酒就好了。

另一则不相关联的花絮，也是这期间我偶尔会想起的少数形象之一。当时有一个名叫阿彭策尔［Appenzeller］的农夫，穿着当地黑色的刺绣短衣长裤，赤脚，戴着金耳环，他气得发狂，我们小组——此次我和巴塞尔脾气温和的贝希利博士搭档开始另一段远足——因为踩踏他的草地而遭到他的痛骂。（"第十一条：严禁踩踏草地"。）这一花絮犹如明信片画面一般，我猜想是这类明信片见多了的缘故。

重回到人物话题上来。那一年我和四个人的关系非同寻常，我选取其中一人展开叙述，但自那年开始，我再也没见过此人——在一张照片的远处背景里，依稀可见他的容貌。他就是安德鲁，三十五六岁，一个消瘦、俊朗并开始谢顶的男子，在学校任教已经有些年头了。他是英国人，在巴塞尔大学获得博士学位，其博士论文大致是关于北欧的文献学研究，并且他精通德语。安德鲁在山脊向北大约三英里处租了一套整洁的现代房屋，春季时我提议和他合租：我在这之前见过他母亲，她在此住了很长一段时间后正欲离开，合租之事征得了她的同意。当时我住在市中心一个工作室楼上的单间里，这个工作室专门仿制农家巴洛克式家具，一处别致的地方，仿佛《霍夫曼的故事》里的场景——我脑中有一幅屋外街道门面的图像，但是却没有屋内的情景——我对屋内的陈垢积污逐渐感到沮丧。当租借时间快到期时，搬到山脊住似乎是一个不错的主意。

从某种角度来说，这次搬家还挺顺利，但是安德鲁此时正处于低潮期。他在瑞士另一个城市有一位认识已久的女性朋友，他偶尔会与这位女友交流，并且会给我看他们的合照，但在我看来，他似乎对校内一个品行恶劣的男生——云格尔——关心过头了。云格尔十四五岁，自负、无知，头发梳得跟赫伯特·冯·卡拉扬〔Herbert von Karajan〕似的，他有一双狡黠的浅褐色眼睛，悦目的茶色皮肤，泛着红晕，一直与安德鲁保持来往。我是云格尔的老师，安德鲁不是，我曾公开表示云格尔在各方面都是一个令人反感的人。我受够了安德鲁总是哧哧地笑着说："他就是一个无赖，但是我就是喜欢他耍无赖。"当时我并没有意识到他酗酒的严重程度。他经常在黑希特酒店下属的一家不对我口味的时髦酒吧里把自己灌得烂醉。要是喝过一轮后，他没有烂醉的话，便会自己开着轻便摩托车上山，并开始絮絮叨叨，首先我不得不听他转述霍斯特，即黑希特酒吧的酒保对于各种事情的看法。霍斯特是一个有想法的酒保，说起一种名为"生活"的烈性酒时总是头头是道。安德鲁说话时会暴躁得横冲直撞，到处磕磕碰碰。

絮叨了五分钟左右关于霍斯特的事情后，他会走过来，坐在一张直背椅上，靠近他的索引卡柜子。这个柜子是一件绝妙的物件，采用无光泽的浅灰色金属制成，内有许许多多小抽屉，用来存放他的单词卡，并且我记得这些卡片比起我们的 3×5 规格卡片来要大得多、宽得多。卡片上写有与文献学研究有关的信息和参考书，原则上这种研究还属于一个持续受关注的领域。这些抽屉设计精美，一流的滚珠轴承设计使得抽屉推进抽出都极为顺畅。安德鲁不需要弯曲手臂，直接顺着柜子顶部，用他的另一只手便可轻轻地开合抽屉，将头稍稍倾斜便可听得更清楚。我们有时看到弦乐演奏家也会做相同的动作。这时他还会时不时地顾自说一些风马牛不相及的话，想到什么就说什么。这恰恰是英裔美国区的一个问题——这一区域存在一些现实问题，不过我早就忘得一干二净了——但是他越来越感到自己被学院领导层利用，尤其是莱茵哈德和嘉德曼。我完全想不起来关于这些事的具体细节，但是我知道他说的是对的，兴许我也这么说过。

接着，我想是在夏季学期将近开学时，安德鲁被德国一所著名的寄宿学校看中，也是萨莱姆［Salem］市同类学校，但显然要比卢森堡学院好很多。他是当场被录取的，但是新职位享受不到他在圣加仑多年打拼获得的特权和优待。这就成为他举棋不定的问题所在。我唆使他接受这份工作。我不知道自己的劝说多大程度上起了作用，但是我使出了浑身解数来促成这件事情。那年夏天，他离开了圣加仑市，搬到了北部。我无从知晓他在那里过得如何。

长久以来，我一直对这段插曲深感愧疚。即便是在此刻，我将此事写出来时，它仍带给我身体上的不适感。我本应该通盘考虑此事，但是我没有这样做：一个像安德鲁这样脆弱的人在一个更加考验人、对他的怪癖不大熟悉且不通融的人际环境里，多大程度上可以经受得住？我没有真正超越自己的主观感受看到一点：他在圣加仑势必要陷入困境之中。我猜想无论怎样他都会选择这条路，但是这不是问题的关键所在。同时我也认为一个全新的开始对安德鲁绝对是有好处的，当时我基本上对任何全新的开始都抱有好感。我与他的交流，为他打抱不平对他的决定产生了很大影响，而我自己的确对卢森堡学院颇有微词。此种情绪一旦堆积，恐怕就恶变成一种不信任。显然我已经侵扰了另一个与之毫无瓜葛的人。

那年的夏季学期，我要一大早去上一堂七点十五分的课，所以我通常会在清晨时分蹬上自行车沿着山脊向南骑行。（我从文件夹里发现了一个自行车牌照，表明我的自行车是"勃朗峰"牌，牌照注册的日期是1957年4月24日，这就可以确定我搬到安德鲁住处是在四月份。七月底，我打算离开圣加仑，去哥本哈根与马丁·伯格［Martin Berg］会合，在我干扰安德鲁做决定一事上，他是第一个警醒我的人；

接着在八月份的某个时间，我又坐货船从哥本哈根去了利斯［Leith］，这次航程历时两天二夜，令人难以置信，但是它给予了我足够的时间来彻底反思自己在安德鲁事件中的行为，尽管我已经记不清当时究竟思考到何种地步，但是我清楚地记得在船舱里阅读《大骗子克鲁尔的自白》［Felix Krull］和《针锋相对》［Point Counter Point］。）在清晨骑自行车途中，我常常看到太阳从奥地利的东边升起来。有时候日出的景象壮观极了，我便会驻足凝视，即便这意味着我将赶不上六点四十五分的早餐时间。一个人不大可能屡次经历心灵的顿悟，然而三个多月里日复一日出现的日出情景，累积成某种综合特质，我在精神上会将此视为诸多好事的一种开放性象征，包括全新的开始。我知道没有比这更过时的象征物：日出！我想它对我而言仍然具有力量是因为在人潮涌动的一天开始之前，它带给我的片刻独处时间。

尽管有一些针对安德鲁的攻击，但是当年我和他商谈签订在圣加仑的工作合约时，直觉他是一个容易相处的人，然而我并不知道他与其他人是否合得来。这是另一个迷失的世界，永远都无法得到核实。六七年之后，我因一件与修道院内部雕塑有关的公事，需要去卢森堡学院短时间造访，并且可以在城里逗留一天。我驱车直上山脊奔赴学校，主要寄希望能够获得一位朋友的地址。这位朋友是一名崇尚自由主义的南非流亡者，在我离校之后，他继续为嘉德曼的学校工作。在他进入风云突变的由威伦斯基［Wilenski］和史密斯［Smith］执掌的罗得西亚约前一年失踪了，着实令人担忧。英裔美国区的临时代理领导——一个行色匆匆、焦虑不安的英国人，穿着一身过于绅士派头的花呢套装——当我报上曾经在这里任教的教师姓名，向他打听他们的近况时，他一概表示不知情，包括这个区的前任领导。他明明白白地告诉我，他本人不想和我同时代的乌合之众有半点瓜葛，现在的规则和人事都已经彻底变了。我记得这位雄心勃勃的代理领导人直言不讳地说道，你的时代已经被人忘得一干二净了，你走好，不送。

三

1957—1958 年，我在慕尼黑。很多见过大世面的人都不喜欢慕尼黑。我只想说那里有一些始终如一的东西——炽热的亚高山带阳光、建筑的颜色从浅棕色到棕色的饱和色域，各种田园风格在城市中渗透——这些在当时都带给我一种富足感。在我逗留慕尼黑的短短一年里，它的人口达到了一百万，然而比起人口规模来更为重要的是，当时它还没有发展到后来的繁荣程度。显然富裕时代正在到来，而这时它仍然处于相当质朴的繁荣前期。还有很多细节之处——雪在街灯拂照下落在环绕马克西米利安纪念馆的有轨电车轨道上，夜晚昏暗灯光下的马克思广场，雨中的圆形神庙——这些景象与各种往事断片交织在一起，折射出别样的色彩。有些技术性细节更是有一种华兹华斯般的诗意，但是读解它们就不那么诗意了。多年后我又在慕尼黑逗留了一些时日，已经不像往日那么喜欢这座城市了。

那年我寄宿在博根豪泽［Bogenhausen］赫尔科默广场［Herkomerplatz］附近，煞是惬意，闲庭信步便可穿过英国园到达大学。选择寄宿于此更多出于地理位置的考虑，而不是格调，我的房间在一幢多人居住的大杂院式公寓里。这里的人际氛围更贴近韦德金德，而不是托马斯·曼。走廊一侧的一间小房间里，住着一位亲切但头脑简单的年轻马路清洁工，每天他穿着一身干净的蓝色制服，他那位野心勃勃的貌似家庭主妇的贤妻送他出门——我想她是波美拉尼亚难民。在丈夫糊涂或者变得粗鲁时，她时不时地容忍他买醉。走廊的另一头有三个稍大的房间，里面住着一群合租的中年人，我一直都没有搞清楚他们的情况，部分原因在于住户的流动性很大。其中一户人家的丈夫不是在生病，就是处于疾病卷土重来令他无力承受的巨大心理折磨中，多半时间他卧病在床。他对疾病到底如何逆来顺受，他那位憔悴但美丽的金发妻子的本钱能带来多少其他利益，都不得而知。另一个男人，红光满面，时而有钱时而落魄——有时一整天穿着光鲜的套装，泡在塞克特起泡酒里，接着好几天穿着粗俗睡衣，蓬头垢面混日子。这三人都来自东部地区，似乎从没搬离过这幢公寓。其他几个房间里住着另两三人。

　　然而我通常都在外面。我在外面吃饭，上图书馆，逛书店和博物馆，听讲座，或者只是到处游荡。圣加仑市那时可不是浪荡子的安乐窝，我要尽力去了解这座城市，同时听音乐、看电影在这里非常方便，只要我愿意，可以三天两头去做诸如此类的事情。头两个月里，我想要做的事情就是这些，在我四处闲逛时，总是带着一种警觉的批评心态，以美学情操为原则，对所见之物发表激烈的看法。即使是去看一出粗制滥造的慕尼黑版《愤怒的回顾》［*Look Back in Anger*］，此版演得像一出威尼斯闹剧，我也会思考它在风格上的道德寓意。或者一个更为复杂的情况：我在偌大的市立剧院观看某个演员演绎守旧的浮士德时，表演很做作，充斥着雅利安人的传略和单调无变化的吟咏，却获得阵阵掌声；一个月后，我在一个小型戏剧工作坊再次见到了这位演员，当时他在高尔基的戏剧《在底层》［*From the Lower Depths*］中饰演一个相对较小的角色，他完全以相同的风格、姿态和语调进行演绎，着实令人错愕。这又如何来解释"风格"？

　　又或者无处不在的作曲家卡尔·奥尔夫［Carl Orff］提出了一个问题，指出政治要带动艺术的发展。奥尔夫在 20 世纪 30 年代创造的"新原始主义"（斯特拉温斯基语）作品到如今刻板无趣的作品，这期间他到底发生了什么？在内容和方式上都有哪些是净化过的，是否真正达到了纯净？我认为奥尔夫有一部重要作品解答了这些问题，那就是他在 1943 年创作的《节俭的妇人》[*Die Kluge*]，而答案令人沮丧……我沉浸于此种困惑之中并感染了这种情绪。我们要以何种姿态来面对 1933—1945 年的幸存者是一个值得关注的问题，亟待解决的问题是那些受此牵连的人——奥尔夫，或者汉斯·泽德尔迈尔[Hans Sedlmayr]。

汉斯·泽德尔迈尔是慕尼黑一所大学的艺术史系教授。我并不是冲着他来这里的，我是为慕尼黑而来的，但是来之前已经获悉他在这里，心想兴许可以和他碰个面。他是个六十岁上下的奥地利人，1936 年在维也纳接替尤里乌斯·冯·施洛瑟[Julius von Schlosser]的艺术史教席，之后于 1946 年被免职。我在慕尼黑时听说泽德尔迈尔在 20 世纪 30 年代初期就已加入共产党。然而我还听说在 20 世纪 30 年代中期，他与社会民主党人私交甚好，1938 年因为德奥合并[*Anschluss*]，他被抓个措手不及：种种愚行（比如在一本 1938 年出版的《文集》[*Festschrift*]中收录了一篇臭名昭著的文章——《希特勒万岁》[*Heil Hitler!*]）是当时投机分子的过度补偿。这两种说法都有可能是真的。关于党籍问题，事实似乎是他早在 1930 年就已入党，两年后因为无法接受共产党的艺术政策而脱离共产党，然后又于 1938 年再次入党。战后几年里，由于赞助关系，同时也因为需要在知识界谋得一个合适的职位，泽德尔迈尔开始依附于以《语词与真相》[*Wort und Wahrheit*]杂志为代表的不牢靠的保守宗教界。他出版的两本赫赫有名的书也带有该杂志的色彩，其中《中心的丧失》[*Loss of the Centre*]（1948）对工业革命以来的艺术的各种间离现象进行了系统分析，另一本著作为《教堂的出现》[*The Emergence of the Cathedral*]（1950）。1951 年，他获得了一个同样有着历史声望的慕尼黑教授席位，这一任命颇具争议，至今都令人难以理解。据说他是"通过多明我会塞进来的"，且不管这话是何意。

我到慕尼黑后很快就听说了以上这一切。我刚来时，对泽德尔迈尔的了解仅限于《中心的丧失》及其被称为"结构分析"的一种研究方法。院系考试和进入图书馆的资质核准，我都接受过他的面试，他毫无掩饰其仇英心理，拿我缺乏学术训练进行奚落。我全盘接受了他这两项不当行为，也许有些愚蠢。（泽德尔迈尔的仇英心理或许部分归结于他于 1917—1918 年在巴勒斯坦地区和土耳其度过的艰难时期——我现在才了解这一点：我把他视为约翰·巴肯笔下《绿色斗篷》［Greenmantle］中的边缘人。）他是一个令人印象深刻的人，长着一个斧头形脑袋，浅色眼睛炯炯有神，说话时带着纯正的颤音，我慢慢认识到他的这一特质是在他做有关米开朗基罗晚期及诸如此类主题的讲座时，赋予声音一种慷慨激昂的活力。由于我有巴伐利亚州学籍，可以随心所欲地去上"高级专业课"、出入系图书馆。虽然我会去上"高级专业课"，但是我对院系或者图书馆并无好感，因为我在那里感受到一种弥漫于学生间的野心勃勃的权谋气氛——尽管这种特权只是在图书馆延迟开馆时，学生临时接班，坐在图书监管员的便利位置结识人而已。当时在册学生不超过一百人。

还有另一个可供选择的图书馆，坐落于国王广场［Königsplatz］上的中央艺术史研究所，过了一段时间，这里便成为我的活动据点，和其他那些同学一样，因为无法顺其自然与泽德尔迈尔相处而逃避于此。中央艺术史研究院院长路德维希·海登赖希［Ludwig Heydenreich］是我敬重的一位意大利文艺复兴研究专家，他夏季学期时在校内开设一门有关乌尔比诺的课程。那年我觉得是时候写篇论文了，于是我决定围绕着他的课程而不是泽德尔迈尔撰写论文。从研究所走到大学，一路上会经过老绘画陈列馆、技术大学、几家小书店和古董店、一所舞蹈学校——我曾经有段时间还去那里上过舞蹈课（我想要成为赫尔曼·海塞小说里的荒原狼）、办理我业务的旅行社、一两家我最钟爱的咖啡馆——这是我日常生活中愉悦的时光。

同时我还会去路德维希大街听讲座，时不时地还要处理泽德尔迈尔那边的问题。大学里绝大多数艺术史家讲起课来死气沉沉，具有独立精神的年轻辈有才华的老师，比如维利巴尔德·绍尔兰德［Willibald Sauerlander］已经被泽德尔迈尔赶出了学校，我从学生练习簿上看到自己报了不同老师的课程，但无一例外都没能坚持下来，因而对这些课程鲜有印象。相反我听了其他领域的一些讲座，比如文学和历史，埃内斯托·格拉西［Ernesto Grassi］开的晦涩难懂的讲座（讲解但丁）和恩斯特·施纳贝尔［Ernst Schnabel］（擅长分析曼彻斯特阶级问题）的讲座等。泽德尔迈尔自己的正式讲座——那年他的讲座主题依次是手法主义和中世纪早期艺术——是为普通大众准备的一场场精湛的表演，偌大阶梯报告厅连过道上都坐满了来听讲的群众，他小心翼翼地从过道的人群里挤出来，笑容可掬，这一画面至今留在我的脑海里。然而不对公众开放的高级专业课更有趣，授课也更严谨。

通常学生要根据上学期讲座所涉的领域写一篇论文，然后针对论文进行讨论：泽德尔迈尔独自坐在一间小教室前排，三名学生助手坐在他身后第二排，其中有两名助手来得最为频繁，他们是埃里克·胡巴拉［Erich Hubala］和默罕默德·拉塞姆［Mohammed Rassem］。至少有一名助手会做一些准备工作，就所涉案例的事实和细节进行核实，而泽德尔迈尔的角色更多是给予评论，并在研究方法上进行延伸。不像利维斯，他相当于给学生提供了一本驾驶指南，一两本油印小册子，指南书是以方法论上训诫的形式，而小册子则是以一件绘画作品——布鲁盖尔的《盲人给瞎子指路》［Blind Leading the Blind］为例所做的案例分析。这些在泽德尔迈尔的专业课上是分析拓展的基础，同时对特定案例的应用，他更青睐逻辑推理方法，如下所示——尽管在具体操作过程中无须按此次序进行：

"艺术"的时代观念

艺术典范　｜　文献

\　｜　／

单件作品

｜

相似性关系

｜

亲缘关系

｜

事件

｜

历史

｜

影响力或影响因素

　　泽德尔迈尔在黑板上画了这张图，并且很快发表了出来。他显然认为自己的贡献主要体现在第二阶段的战前艺术发展上，即单件作品的"结构—分析"。他那些战后出版的著作，其研究范围直接转到了艺术品和它的影响力或影响因素之间的关系上。

　　诸如这样的机制和结构分析模式究竟多大程度上可算是理论架构以及它们多大程度上只是教学实践或程序而已，对于这些疑惑我至今仍未明了。这种模式的整个论证过程和结构几乎没有经过实际意义上的论证：在所有系统阐述中，它的前提都是格言式或者随意的。然而，首先，结构［*Struktur*］指的是历史行动者的观念形式和世界构建形式——就结构而言，指的是他如何看待事物。其次，这里的结构指的是我们在感受一件艺术品时所感知的一种形式。这一观念与早前维也纳艺术史家阿洛伊斯·里格尔［Alois Riegl］的艺术观念在理论上有着渊源，尽管从一个更广义上来讲，这种艺术观念根植于浪漫的理想主义。当时艺术作品的结构实则是通过对画面含义（再现问题）、寓意（文化密码和象征主义）以及精神内涵（视觉特质，其意义不是隐藏在文化或时代密码里，而是具有永恒性）等多层次分析得出的。艺术品的多元含义一度是借助中世纪晚期的讽喻理论模式进行阐述的。

　　在我看来，结构分析的绊脚石几乎是语言方面的障碍——简单而言便是视觉特征和历史影响力或历史因素之间的关系或联系在语言上的表述。当然，在这背后还有更形而上的问题，即如何将上述关于结构的第一层含义和第二层含义联系起来，但是我从来没有真正花时间来研究这个问题。我们在评判历史影响力或因素的地位时，很快就遇到了困难，并因此转移了我们的研究方向。比如，泽德尔迈尔关于教堂主题的长篇巨作《教堂的出现》［*Die Entstehung der Kathedrale*］中，摆在我面前的一个颇具几分喜剧色彩的难题是如何理解书中一条隐性原理。他指出，哥特式教堂除了其他特征，它还是三种风格的综合体：北欧风格、罗马式风格以及凯尔特风格。这三种类别所依据的基本原理尚不明确，但是它们在语言上的附属关系起到一定的作用。北欧风格的特点是构造性和系统性、张力和垂直性。罗马式风格的特征是暖感、可塑性强，圆润丰满，令人联想起人体以及整体上适度的人文性。最打动我的是凯尔特风格。（他怎么如此了解我？）凯尔特风格的特征是奇特、冷感以及光彩夺目，无界限或不加限制。宫廷式恋爱和尊重传统是凯尔特文化创造上的典范，同时凯尔特风格无法驾驭悲剧或者英雄主题以及缺乏邪恶主题。从语言上而言，基于前印欧语系的凯尔特风格流露出法语语句中的平铺直叙，缺乏条理清晰的拉丁语时代的力量或日耳曼语句中有规则的韵律感。就以教堂这个特例而言，凯尔特风格的贡献在于它的怪诞、彩色玻璃、光效、平面装饰如涡卷形饰和整体的线条交织。

这类分析方法暴露出一种严重的、低级的缺乏常理性，这是放弃高级专业课上采用的绝妙的分析工具包带来的影响。然而我要重申的是我所关注的关键问题是影响因素和视觉特征之间的关联方式，在我看来这似乎是一个文字游戏：双关语或时而隐喻。泽德尔迈尔似乎没有意识到这一点，倘若他有所意识的话，那么显然他对此无法掌控。比如，在《中心的丧失》中——1955 年，此书增补了《现代艺术革命》章节——泽德尔迈尔发现 19 世纪艺术的一系列形式特征：分裂和脱节、分化、肤浅、缺乏根基或根据、混乱的多变形式、快速脱离有机形式以及由此形式而衍生的其他特征。再则，人们对自身与他人之间的关系，尤其是人与上帝和自然之间关系的认知——他感到人们对这些关系的认知是不完整、不连贯的，并且分化成对抗、肤浅、无稽和混乱以及无系统性。第一组特征涉及艺术性和形式，是第二组特征的症状表现。然而当我们认为（比如说）绘画或建筑结构在形式上是无系统性的［disjointed］以及在人与人或上帝之间关系认知上是无系统的，那么这里所指的"无系统性"有两层不同的含义。这两层含义有一个共同点——总体形式上的不连贯性——缺乏互相过渡的基础。当然，这一点可以从其他层面上加以讨论——从结构的两层含义或观念进行讨论——但是对我而言，这是一个语言问题，而我认为自己无法从一种规范路径来探讨这个问题。

对我而言，泽德尔迈尔相对来说是一个负面人物。在我来慕尼黑之前，我对他的了解似乎仅是他可能和利维斯有共鸣之处：比如说，他们对后工业革命文化异化的批评，尽管解释和系统阐述的方法令人反感，但是他们都做过细致的分析，最为重要的是他们都坚信可以直接通过一件艺术作品的风格来领会其精神特征。（最后一点，我仍然渴望去实践，关键是不能在得出一种观相谬误［Physiognomic Fallacy］后草草收场。）倘若我有心想做一番类似于利维斯所做的艺术研究的话，这是一个可沉下心来研究的选题或者至少是一个着眼点。然而利维斯将话语当作行为来分析，而行为也是发生在言语内部的，精神和社会环境或者框架亦是如此。无系统的艺术形式和无系统的世界观之间不存在任何脱节。我身居慕尼黑那年，泽德尔迈尔给我的感觉是一个误入歧途、有瑕疵的聪明人，同时也是一个潜在的危险人物。后来，我在回顾往事时，慢慢觉得他在其研究领域之外并没有显得那么聪明，也没有那么危险。

　　这是我现在的看法。那时我又了解多少呢？我当时的看法比现在还要全面。我刚刚所述内容只是描述了当时的所知所想，而不是日后的看法，但是这种描述清晰明快，寥寥数语，缺乏层次感和细节以及冲突，这不是我当时的精神状态。

　　于是，我把论文提交给中央研究院的路德维希·海登赖希。海登赖希生性腼腆，据说不好相处，之前他是佛罗伦萨德语学院院长，以研究莱奥纳尔多·达·芬奇著称。他开设的乌尔比诺公爵宫［Ducal Palace］专题研讨课旨在训练如何利用文献资源，这是我在艺术史方面接受的最好的正规教育。让我记忆犹新的是有一次我们十来个人花了一个小时研究公爵宫的平面图和有趣的乌尔比诺员工名单，重构了不同人出入或穿梭庭院，或者从庭院上楼或下楼的路线——他们的地位如何，目的何在，他们有何偏见和观点。相比之下，我对自己撰写的关于乌尔比诺工作室［studiolo］的论文，记忆就不那么清晰了。为写这篇论文，那个夏季学期，我晚上阅读到很晚。那年夏天，午后总是很热，我的论文很长，教室外总是吵吵闹闹，国王广场正举办"透纳艺术节"［Turnerfest］或是某个体育俱乐部在游行。学院楼是原本共产党总部所在双子座之一，上研讨课时，我们便围坐在教室前面的一张桌子旁，面对阳台或讲台进行评论。当鼓声和军号声以及欢呼声达到鼎沸时，我们便暂停片刻，去阳台上俯视楼下的情景。最终我们又回到教室，我做完自己的点评，但是确切的记忆在这个点上中断了。

……如今我觉得当初对自己似乎相当宽松，那一年仅写了一篇论文，不过当时我阅读广泛，并打算读万卷书行万里路，而行万里路是一件耗费时日的事情，这里我指的是在圣诞节时又回到了萨尔茨堡〔Salzburg〕。因为学年设置，我在十一月到达慕尼黑，之后没有回苏格兰过圣诞节，而是花了三四天的时间去了萨尔茨堡。那里有舒适的酒店、新书、教堂里的大弥撒以及被雪覆盖的人行道——完美。圣诞节当天，我在酒店附近一家啤酒吧里吃午饭，我意识到邻桌的三位年轻美国女士由于缺乏男伴，便对我进行评头论足。她们想当然地以为我不懂英语。在这种节日时刻，我独自一人想必很可疑，并且我最近还蓄起了胡子（为了模仿演员安东·沃尔布鲁克），这于我不利，然而外貌上的潜在价值已经暴露无遗了，并成为别人茶余饭后的谈资，尤其是其中一人谈兴正酣，并摆出一副以此消遣的神态。我毫无吸引力，尤其在她眼里，在我快吃完饭时，她起身离席，没有任何表示，甚至用英语说一声客套的"再见""圣诞快乐"都没有。然而这件事情客观展现了我的自我。听到三位来自不同文化背景的粗鲁女性对自己评头论足，磨砺了我的自我意识。

从萨尔茨堡返回慕尼黑之后，我开始感到若有所失，并更加积极地尝试去修补这一缺失。在米兰（不是帕维亚）和圣加仑市，我有幸遇到了几位尽如人意且随和的人，并与他们保持着密切的关系，这两个地方没有给我留下任何伤疤，我也没有带给任何人伤痕。而慕尼黑更加考验人，各种老套、腐朽事件层出不穷。早前我畏畏缩缩地追求一个圈外的外族异性，在慕尼黑艺术之家〔Haus der Kunst〕出尽了洋相，当时那里正举办狂欢节舞会。这段记忆犹如幻影，因此眼下并未觉得尴尬：记忆缥缈，像是《蓝天使》里出现了卡利加里。然而另一幕更具代表性的糟糕情形是一顶蒂罗尔人样式的草帽出现在恩斯特·施纳贝尔的课堂上。在他的课堂上，我碰到一位瘦弱、脸色苍白的女生，她给我一种流浪者的辛酸感觉。当她听施纳贝尔或我说话时，一脸紧张，还有她营养不良的尖鼻子都让我很受触动。我们曾经一起吃过几顿便饭，不紧不慢地游览过施莱斯海姆宫和那时被人冷落的美丽花园，而晚上下课后，我们要度过一个更为刺激的夜晚。我仍记得看到她戴着那顶完全变形的帽子——一顶灰色毛毡质地、绿色滚边、带有羽毛的帽子：扭怩作态的民族风［völkisch］——前来赴约，看到此景令我一阵惊愕，同时对这位薄唇奋斗者在情感上瞬间发生的剧变感到震惊，这种感受来得突然，有失公允。

从根本上来说，这是一次文化欣赏上的失败，暴露了我对本土标志物和系统性联想的不敏感。在异国学习一年还远未深入到这一层面，而我们倾向于认为这种关联正在发生。对于我这一类型的人而言，部分问题在于文学修养过于薄弱。现在难以回想德国文学这一时期的成就如何甚微，1933—1945 年的作品大体上是在 1958 年才开始流通。当然那时四七社［Gruppe 47］成员和其他人在推进德国文学，但是我并不认识他们。对于我这样短时间寄居国外的读者而言，熟悉的作家大概只是埃内斯特·云格尔［Ernst Jünger］、沃尔夫冈·博尔歇特［Wolfgang Borchert］以及海因里希·伯尔［Heinrich Böll］——据说他们在不同方面有着各自的问题，甚至伯尔早期作品中细腻流畅的情感处理也是如此。1958 年标志着一场大范围真正革命拉开了序幕，一年之后的 1959 年，君特·格拉斯［Günter Grass］的《铁皮鼓》［The Tin Drum］出版了，直到多年后我在伦敦才读到这本书，那时还只有英文版。

第五章

两种工作环境：1958—1965 年

一

已逝朋友在心里的形象居然会变得如此单薄，这令人惊心又难过。这种境况兴许与一个交流时心不在焉的朋友留给人的印象大同小异，只是更叫人心痛而已。以我的经验而言，他们通常显出某种神态：端坐其间，在需要交流对话时却寡言少语，而这种情形往往发生在某种特定但几乎不很熟悉的场合。要是想费力获得关于这种场所的细节，通常来说也是可以做到的，但当你这么做时，人的细节便模糊了。在回忆往事时，人物和场所之间总让人感到有某种官能上的断裂。隔着这样的距离来观望，人物形象总是变化不定甚或模糊——我不知道是哪一种印象——但是这种角度有一种稍稍偏离正面像的倾向。我知道这种偏好可能与有角度正面像有关，因为这样的角度可以最大限度地捕捉"信息"。有时我们稍稍将头转过一点，便可以捕捉到侧面形象，但是我觉得那是一件毫无创意、粗孔筛式的事情。总而言之，这样的图像缺乏原创精神和视觉活力。它永远无法带来出其不意的效果，且无法提供细节。当然，无论如何精神意象都不该类似于某种信息记录行为，而应是一种规范的"描述"：然而，这样的话，描述什么？采用贝蒂荣人体测定法还是类似于某种几何图解？那些个别事例多大程度上只是充当了原始推动力，促发了形象创建或者形象的重建？

1958 年初夏，我在伦敦瓦尔堡研究院见到了格特鲁德·宾，这样算来我认识她仅仅六年。当时伊拉克正发生革命，结束慕尼黑的工作后，原本我要在下学年前往巴格达一所大学教英语，这一工作因时局关系终成泡影。（甚至当时前往巴格达工作也是临时起意，但是当时还计划去尚且安定的黎巴嫩工作一段时间，而去巴格达工作与黎巴嫩计划有关。）就在我郁闷之时，宾将我带到了瓦尔堡研究院，这多多少少将我从无处可归的境遇里解救了出来，我实在不知她是出于何故：最近我剃去了胡须，因为母亲见我满脸胡茬总是暗自垂泪，不过我知道我的形象就像是一个卸下装饰的土耳其人。也许是因为路德维希·海登赖希的关系——海登赖希是宾的老朋友，宾才这么做。我在慕尼黑时曾写信到瓦尔堡研究院，申请研究奖学金，尽管在时间上已经错过了那年的申请时间；宾给我回了信，建议我下次来伦敦时过来拜访她。我照做了，她建议我先在摄影图书室兼职，然后再申请次年的瓦尔堡研究奖学金。

　　瓦尔堡研究院是由阿比·瓦尔堡［Aby Warburg］在汉堡的私人图书室发展而来，作为一名历史学家，他的研究旨趣之一是幸存于异教古物中隐蔽的绘画母题遗存及其与之相关的精神。他和助手弗里茨·萨克斯尔［Fritz Saxl］将图书室发展成一个更为开放的文化史中心，实际上因为瓦尔堡疾病缠身，多年无法管理图书室之后，自第一次世界大战结束开始，一直由萨克斯尔主持工作。1929年，瓦尔堡逝世，萨克斯尔在瓦尔堡家族的支持下，接管瓦尔堡研究院并使之日益壮大。1933年，瓦尔堡研究院从汉堡迁往伦敦，并于1944年成为伦敦大学的一部分。1947年萨克斯尔过世。在他人眼里，瓦尔堡和萨克斯尔想必都是令人钦佩的人，不过角度不同而已，也许一人更具想象力，另一人更加务实、百折不挠。格特鲁德·宾和他们二位的关系都很紧密，她是整个学院的中枢，自1924年至1929年一直是瓦尔堡的助手，在瓦尔堡研究院迁往英国的艰难时期及之后，她是萨克斯尔院长的助理兼伴侣。1955年，她成为瓦尔堡研究院院长，1959年退休，1964年去世。

　　宾去世时，她的朋友们都有一种共同的感受，他们突然意识到尽管他们自认为与宾关系密切，却对她所知甚少。唐纳德·戈登〔Donald Gordon〕20 世纪 30 年代就认识宾，追思宾的纪念文章中写得最好的，大部分都是出自他之手——对此，我应该声明一下，我在两个月前重读了这些纪念文，并想在此与戈登一决高下——戈登曾指出两点：1922 年，宾来到瓦尔堡研究院，当时她三十岁，无论是现在还是过去，人们对她之前的一切几乎一无所知；她会将不同的朋友进行分门别类。人们知道她是来自汉堡的宾，是著名的新艺术交易商西格弗里德·宾〔Siegfried Bing〕的侄女；她曾是一名教师，之后她撰写了有关莱辛的博士论文，这几乎就是她的朋友所知的一切。她前三十年的境遇和偶然事件与之后体现出的非凡能力有着内在的联系。至于她会对朋友进行分门别类，这体现了她全身心关注交谈者的一面。与宾交谈都是一对一的，否则就没有交谈的必要，但是想来至少有一百多人享受过她的这种特别关注。

　　如同戈登，我对宾的了解与那些在她达利奇〔Dulwich〕家里一起叙谈的夜晚有着紧密的关系。她的家流露出一种强烈的视觉理想，质朴又舒适，并以一种源于德国的、大家熟悉的启蒙时期英国贵格会的风格进行布置——我想我是可以辨识出这一点的——但是许多来自近东的小摆件使得整个家居折射出萨克斯尔的影子。这里经常出现一些古怪的不速之客，晚饭时分出现，饭后随即消失。我印象最深的不速之客是汉斯·斯瓦茨斯基〔Hanns Swarzenski〕，那时就职于波士顿博物馆，一个严肃的人，但宾总拿他开玩笑。我逐渐明白，夜晚真正开始的信号是宾将最后一叉甜品推到一边，然后点上一支高卢烟的那一刻。这是一天中最重要、最让人珍惜的时刻。正事谈完了，闲聊开始。有一两分钟时间，她似乎在转换自己的角色，从沃本广场〔Woburn Square〕居民熟悉的一个带着光环、克制的官场人物调整为一个更加平民化的人，一个有着独特经历、不加克制又有所保留、好奇又郁郁寡欢的人。

　　过了一会儿，宾吃完甜点，有人便单独与她一起进入大书房，这里曾是萨克斯尔的书房，里面有一些小巧的近东物件，非常整洁。宾独自坐在书桌前——这是我脑海里的画面——一张非常有德国格调的椅子里，比看上去显得要舒服许多。接下来的情景并不像戈登转述萨克斯尔所言，宾在书房里为某人做学术指导，而只是顺带进行归纳总结，一种非正式的教导。谈话者会聊聊人、小说、音乐、德国和意大利，极少聊到英国（就这一点来说，我同意戈登的看法，宾当时并没有那么迫切要了解英国），还会谈到瓦尔堡和萨克斯尔以及平淡地聊聊人生，尽管在这一点上，她会以冷静的口吻，引出一句带有些许讽刺意味的话：*erlaubt ist was sich ziemt*，这句话出自歌德的《塔索》［*Tasso*］，意为合乎规范的才是可行的。交谈者有时会强烈感觉到宾的学术生涯是从研究德国启蒙运动开始的。她与交谈者切磋学问，畅谈传说与警言以及精神状态，谈话内容很多是关于人们的道德判断。她总是对他人对所遇之人的种种看法，尤其是对德国学者的看法流露出强烈的好奇心。当谈话者表态时，她会做出回应。说完一段话后，她会适时地、不紧不慢地把烟送到嘴边，一脸茫然，像凝固了一般，然后说出一番微妙而又中肯的看法；要么她会对交谈对象抛出关于某人相当尖锐的事实，或者引出萨克斯尔对此人的看法。她看重的是能人干大事，但是也接受现实。戈登提及她"嘲弄"人的本事，这个词用得很是贴切，要比"鄙视"来得温和，又能带着幽默感调侃滑稽的事情。我记得宾把肯尼斯·克拉克［Kenneth Klark］界定为"指挥大师托斯卡尼尼"，这并非出于赞赏，不过我知道她喜欢克拉克——别的事情且不论，克拉克曾声援瓦尔堡于1928年所做的一次赫赫有名却冗长的赫兹演讲。

　　她对于少数几人的忠诚是绝对的，首先当然是瓦尔堡和萨克斯尔，有一次我和她说起其朋友奥托·科伦佩雷尔［Otto Klemperer］演奏的贝多芬曲子，在我看来是一种刻意表现出来的高贵——这是三流作品的特征，我的评价让宾感到极为愤怒，这也是她第一次对我动怒。她曾这样描述瓦尔堡："他像是一个在黑暗险境中行走的人"，我想这里的"行走"就是字面上的意思，即姿态和举止。她曾在别处述及萨克斯尔对世界的"不信任"，他认为这是一个"无情的"世界。从某种层面上而言，她本人也是一位在黑暗和危情中前行的人，但是她又是一位早已下定决心要突破重围的人。她决然地穿行于这块仅保有片刻温存的领域里。

　　此处要再次穿插一张照片——尽管宾的照片少之又少——这张珍贵的照片摄于 1929 年，即瓦尔堡去世当年，她三十七岁。我确定这便是我在 1960 年认识的宾。她的这张照片与瓦尔堡生前最后一张肖像照是一组，是在瓦尔堡在罗马伊甸园酒店的起居室里拍摄的，两张照片的拍摄角度完全一致。瓦尔堡瘦小的身形不自在地陷在装饰着花哨织锦、套着罩子的扶手椅里，旁边是一张圆桌子，他警惕地朝外看着镜头左侧方向，局促不安地拿着貌似他本人的两三本著作。不过，从宾的照片来看，她就坐在这张花哨的扶手椅的扶手上，只是椅子稍稍向左移动了几英寸以腾出空间，宾双手放在膝盖上，手上没拿东西，双腿在桌子底下交叉着。她双眼注视着画面空间的右方，而不是朝镜头左方望去，穿着一身在我看来是淑女型的素净裙子，但搭配一双惹眼的考究鞋子。左边背景是一排排书架，架上有一些配以瓦尔堡肖像做封面的书籍，另有一个索引条盒子之类的物件；越过书架再往远处是一些照片，错落着别在展览板上，其中很多照片内容是其他展览板上错落别着的照片：瓦尔堡的事业。宾的头像很醒目，方下巴、警觉的眉毛下是一双黑眼睛，眼神坚定、令人敬畏且吸引人。意大利历史学家德里奥·坎蒂莫里［Delio Cantimori］认为宾是"现代预言家伊吉丽亚"［*ninfa egeria modernissima*］，我对此不置可否，而他这论调显然是错误的，不过我信赖戈登对宾的评价，他说在 20 世纪 30 年代末，他眼中的宾是一个"20 年代标新立异的女性"。

我无意间发现了一张她寄给我的铅笔便条，上面写着她对我一篇文章的意见。这篇文章约写于 1960 年，内容显而易见是关于文艺复兴时期的礼仪。我已经找不到这篇文章了，但是宾手书的便条——密密麻麻地写在一张大英博物馆藏书部 1949 年增补目录的长条校样背面，学院的节俭之风由此可见——表明了她自己的某些看法以及她在探明那些含糊其词、骗术或自欺欺人观点上所具有的眼力。便条开头写道："由于贡布里希的缘故，如今当大家谈及关联性时，我总是感到些许的紧张。"便条以此结束："关于你文章的最后一句话，你自始至终不都在有意而为之吗？"显然她指的是我文中的含糊其词和默认论点［petitio principii］。这种具体的评论很有建设性且促人成长，尖锐的观点和直率的态度——真心的关怀——正是我们赞美和需要的。

我之所以在此提及她的便条，主要是因为她突然在评论中提出："耐久性是否也是一种精神品质？"这句话的广义语境是建筑的物质耐久性，而精神品质在新古典模式中是与使用价值和愉悦性相对立的：她是以文艺复兴思维模式来提这个问题的。戈登在宾身上看到的种种素养中，至少在"持久的精神力量"这点上有着显而易见的共鸣。然而这里涉及两种特性：耐久性和德行。为此，她的问题也可以从两方面进行考虑。在耐久性中存在道德价值吗？在遗存物的价值中是否存在道德判断？她意指第一种特性，而我认为她的话中流露出一种自我要求意识，但是她让人信服的正是第二种特性，即善意和坚韧。

宾无法安然退休。她对瓦尔堡研究院眼下的发展方向感到担忧。她自己的写作计划，即撰写阿比·瓦尔堡（他几乎是一个事事做记录的人）的思想传记进展缓慢，也就不足为奇了。回顾过去，身为宾朋友的我们对她的期望值从来不低。闪光的人物角色或面具更加引人注目。两三年之后，我想（正如戈登所言）宾开始退避到德国文化之中，事实上是语言环境之中不足为奇。在她人生的最后三年里，我不在学院，我见到她的机会都是在学院以外的场合，让我感到羞愧且终将无法改变的挫败感是在她因病去世的前一晚，我和她有过一次交谈，但是我已全然不记得这最后的谈话内容。她曾来到汉普斯特德［Hampstead］，晚上很晚才离开，肯定是在夜里一点之后了，她要开车回达利奇。她的朋友们对宾和那辆电动车都感到不安。幸运的是，她是那种糟糕的司机，别的司机在一英里以外就能发现她并进行避让。然而当我将她送出屋外至车旁时，心里还是感到有些心神不安，因为她在这之前喝了不少酒。她不想留宿。不知怎么的，我们无意间打开了她的汽车报警器，一种新奇时髦之物，我们谁也不知道该如何把它关掉，为此我们花了一些时间，且在邻居的及时帮助下才解决了问题，宾这才开车回达利奇，最后总算安全到家。我当时感到极为不安，不过她倒还镇定。

以倒叙的视角来看宾，她的形象被巧妙地短缩了［foreshorte-ned］：距离我真正认识她的六年时间又过了四十年之久，在这之前她在伦敦生活了二十五年，其间和萨克斯尔从不相识到结为伴侣，而后又有十二年跟随瓦尔堡和失去瓦尔堡的汉堡岁月，还有遥远而又无法穿越的最初三十年。正如我所感同身受的那样，谁又能觉得自己真正了解她呢？我们有兴趣唤起她在瓦尔堡研究院的经历并想知道学者与这所宾奉献一生的学术机构之间长期的契约关系是否是出于延续和宾的合作关系，然而事实上这并不可能。相反，从另一个方面来读解也显得合情合理，即瓦尔堡研究院传统本身也被短缩了，正如人们用同样的视角来看待宾一样，这一传统后退到了 20 世纪早期的德国文化传统，而后者正是人们无力渗透进去的。

那时宾和由阿纳尔多·莫米利亚诺［Arnaldo Momigliano］及安东尼·布伦特［Anthony Blunt］组成的温和派评选委员会聘我为研究

院两年期初级研究员，这一年也是她院长任期的最后一年。宾指定的继任者恩斯特·贡布里希此时远在哈佛。从美国回来后，他让我接受一点，即我不只是聘期两年的初级研究员，还是学生。他对这两种身份有着复杂的感情。至少我的研究主题还是他感兴趣的领域。最初，我在研究文艺复兴时期行为 "约束"上，采取的是一种非常宽泛的研究路径，这在一定程度上受到海因里希·沃尔夫林［Heinrich Wölfflin］《古典艺术》［Classic Art］最后一部分的影响：禁用明亮的色彩和剧烈的运动、文学和建筑上的规范性、数学比例、讨人喜欢的表现手法、地方性的恬淡寡欲以及理性的衡量［masserizia］——拉斐尔《雅典学院》［School of Athens］所流露出的精神气质。贡布里希是一位和蔼的管理者，对年少轻狂和研究初始阶段的自不量力都抱着宽容的态度，并为研究者指出特定的材料和模式以便缩小范围，专注某个可行性研究主题。然而我和贡布里希之间成熟关系的建立是在我写完这段回忆录之后的事了。这里所述及的是在这个学术环境——瓦尔堡研究院——最初的所遇所见。

我刚到研究院时，他们才刚刚从南肯辛顿大英帝国研究院［the Imperial Institute］临时落脚处迁过来——大约就在两个月之前。位于布卢姆斯伯里［Bloomsbury］的新建筑是伦敦大学最糟糕的一幢建筑，阴冷，并且在投入使用时考虑不周，但是它是新建的，且是该大学的资产，经过努力改善想必可以满足瓦尔堡研究院的使用需求。此时他们还没有安顿下来。在这种令人难以置信的不达标或者无遮蔽的条件下，我看到二十多人和一堆书。1958 年时，瓦尔堡研究院的核心成员有二三十人，根据手头的事情，人数会有所增减。其中有些是在编人员，我现在还可以轻轻松松说出他们的名字：贡布里希、库尔茨、巴博、特拉普、李格特、法兰克福、海曼、韦伯斯特、费因、布克塔尔、耶茨、米切尔、艾特林格、迈耶、罗森鲍姆、霍斯特德。其他人是非在职的，但是与瓦尔堡研究院保持着密切的联系。我想这些人员可以分成五六类。有一小部分在编人员可追溯到汉堡时期；多数人员来自奥地利，自学院于 1933 年从汉堡转移后来到学院；有少数几人是重要人物的后代，他们还未完成在德国的学业，被迫离开德国；还有一部分是英国人（唐纳德·戈登），他们的研究旨趣在英国处于孤立状态，不得不来到瓦尔堡研究院；还有一些欧洲人和美国人在力所能及之时会来研究院协助工作，通常是一些资深研究员，他们在战前就与瓦尔堡研究院建立了交情。另外还有第六类人，他们是一些著名专家，在某一个阶段，他们与瓦尔堡研究院的关系变得脆弱或者有了间隙：有些人会来研究院，但有些索性就不来了；其中有一人会间歇性地躲在附近一家茶室里，然后招呼某人与他碰面。瓦尔堡研究院与这些人发生交集的纽带便是书。

1958 年，我来到研究院摄影藏书部工作，相继接手了两件杂事，实际上这种杂事被研究院视为基础性训练。第一件杂事是为最近出版的萨克斯尔讲稿集留下的图片副本提供可供选择的主题，第二件杂事是为即将出版的意大利版本瓦尔堡著作收集图片。（他们两位数量惊人的遗著都由宾编辑。）研究院分派这两项任务的设想在于我不仅要阅读这些书籍，同时还要花时间熟悉书中的主题和参考文献，这一点我做到了。这是熟悉瓦尔堡图书馆的一条有效途径。也许我当初不像日后对此如此心存感激。占星术是研究院最初的研究主题，我没能培养自己在这方面的积极兴趣。它的历史地位和独创性是明确的：我只是对它支撑和产生的精神世界和经验缺乏品味。研究院的第二项研究主题是后世艺术家从古典艺术中所借用的母题。同样我明白这一研究主题的重要性，但是我自感它无法引起我研究的兴趣，而就其本身而论，瓦尔堡将其作为文艺复兴特定研究主题的中心。我在这些研究主题上兴趣寡淡无关紧要，因为我很快就被瓦尔堡图书馆及其思想框架吸引了。

既然这一经历在我视为自身学术分层［lamination］中仍是一个

重要因素，我对它的演变机制充满兴趣。

我想获得思维习惯的路径之一是通过学习一种明晰而又有条理的方法。我钟爱条理概念，会时不时地想获得一二。然而，方法在我的研究中从未收到良效，因为它们缺乏有效的材料支撑。我大体上已经意识到了这个问题，不管它在当下语境中可能是作为一种负面资源或审查手段：对于什么事情不能做，我们向来都是有准则的。另一方面，隐藏在学术传承的特定研究主体中的方法对我影响更大，即使当时我并没有意识到它是作为一种研究方法而存在的。第三种路径是令人振奋的具有系统性推理的个人观念，它猛然间解开了个人一直隐约担忧的困惑。我想到的一个例子便是恩斯特·贡布里希广泛运用的"投射"理论，它改变了我的整个思维领域。

瓦尔堡图书馆本身就是第四条路径。图书馆的思想框架和意图显然已经存在于书籍的选择和排列中，就这层含义而言，图书馆的力量存在于其组成部件的排列次序中。一本书加入任何一座图书馆，由于书架上还有另一些书籍，其他任一本书都会随之发生变化，但是这种变化在瓦尔堡图书馆会因为大规模格局和小规模特性之间的张力关系而显得更为剧烈。我学会了如何在图书馆查询书目，这本身就相当于学习和利用类别系统及其在这一模式中的位置。学会了查找书目之后，便可找到特定参考文献的序列和相关的定位。读者只需来回几步，便可在书库里找到他所需要的一切。我现在将它看作（但是当时并未意识到）一种类似于神经网络或链接式思维训练，一种发展中的联系模式，我们会习惯性地将成败经历与此相联系，它是一种在事物之间运行的更受青睐和更利于事物发展的结构。同时，书架还充当着功能性节点，它们超越其本身，在一个更为宽广的领域里发挥着组织功能。

当然，读者在图书馆并不是被动的，他会迫使图书馆做出一些自身不鼓励的改变或者朝它向来抑制的方向发展，但是此处或彼处一本书的存在或缺失，或者书籍之间距离遥不可及抑或毗邻相依，慢慢地会与一个人的工作习惯切合或格格不入，而这从一定程度上会促使他进行自我衡量。事实上，瓦尔堡图书馆最明显的特征并不是最具影响力的："文献"与"研究"严格分离；按照地理位置从东方到西方的排序，而这种排列方式常常与时间顺序发生冲突；甚至是布卢姆斯伯里四层楼里涉及的四个领域——社会、巫术—科学—宗教、文学/文字以及视觉都是如此。甚至是一些外来特色，如统觉［Apperception］区域的地位在这里都会被轻易地忽视。更大的压力来自于分类的具体习惯，而这蕴含着各种关于人类世界如何运转的自由放任的假设。这层特征并不难懂，只是难以描述。

那么举一个例子来说明：那时（当然现在也有）有一个关于德国人文主义区域——"中世纪和人文主义文献：德国（文献 NAE1 和研究 NAH6000，二楼）——正如其他国家也有人文主义藏书区域一样。我得知这个藏书区域是汉斯·迈耶［Hans Meier］倾力打理的地方，他是学院的图书管理员，后来死于伦敦大爆炸，他本人也从事这方面的研究。这个区域规模小，但构思巧妙。规模小一定程度上是因为迈耶在择书上非常挑剔，只收录书籍、手册和破旧的单行本，事实上这的确有好处。这里根本没有学术或者纪念性垃圾书籍：大家都明白一点，如果不去扫一眼那些书目，那是自己的损失。这个区域书籍编排的规则实际上是一场地理和年代之间独具特色的游戏，这一特点并不显眼，所以能促人探索。我不能声称自己全然理解编排上的优先级、过渡和类同关系所隐含的理念，但是它肯定是存在的。

然而，该区域规模小的另一个原因在于大批量的德国人文主义书籍并未被收录其中。为了找到此书或彼书，读者很快就要穿越到"德国文献"和"教育：德国"区域，尽管只有几个排架的间隔，但也有可能离得更远。德国人文主义的核心人物梅兰希通［Melanchthon］的著作在哪里？他的作品，包括他关于修辞和逻辑方面的人文主义著作是和三楼的宗教改革家著作排在一起的；在三楼还有巫术和科学方面的书籍，人文主义者阿格里帕·冯·内特斯海姆［Agrippa von Nettesheim］的著作会突然出现在"文献"与"研究"（彼此分开）书架上。读者在这里还能看到赛库拉［Secular］的图像学书籍和丢勒的著作，很多其他资料则在楼下的"视觉"楼层（一楼）；而斯特拉斯堡［Strassburg］民族历史学家和不按常规摆放的"修辞：文献"以及其他诸多资料都在上面的"社会模式"楼层（四楼）。列出德国人文主义图书区二三十条符合常规查询提示是件容易的事情：文艺复兴时期地图学、千禧年、帕拉塞尔苏斯主义、地方志、采矿业和金属业、帝国、田园诗……

　　然而该区域的精彩之处在于迈耶构思的极简主义本身所起到的作用不是简化组成部分，而是将它设置在整个图书馆诸多高级别节点的某一节点上，并以一种近似全局魄力［generalized force］向外辐射至更多特定领域的活动中。它代表着一种文化观念。文化是由观念构成的，持久却具有可塑性的观念，在内在和局部外在的约束中，通过大脑形成。你在书架间来回踱步，就是徜徉在这种文化里。它成为知识盔甲的一部分。

　　这类组织结构对打破平衡和差异非常敏感。核心图书馆的系统影响力和为保持图书馆活力而引进新书和新兴趣点引发的再平衡，这两者之间存在着一种张力：显然图书馆必须向前发展，无疑自从图书馆的面貌在瓦尔堡心中第一次成型那刻起，无论那刻真正始于何时，图书馆一直都在发展。1933年图书馆迁往伦敦，这就不可避免地使图书馆快速迈向标准化进程，也就是我们所说的以盎格鲁—撒克逊为中心的图书馆系统类型，假使这一说法没有回避问题实质的话——图书馆的文献、专著和机构色彩更加浓重，无论怎样它不像过去那样天马行空了。不过，如果读者有心感受的话，便可毫不费力地感觉到图书馆藏书在时间上的层次感，找到读者偏爱的文献是这一交易的目的之一。就我自身而言，我在1930年前后在瓦尔堡图书馆查找书目就已如鱼得水。

担任研究员的两年里，我几乎只字未写，因为我将全部精力都花在了阅读上。我实实在在地做了一些笔记，有些笔记是打出来的，有些则是潦草的手写笔记，写在八开的活页纸上，装在一个纸板盒里——从广义来说，这是一种瓦尔堡式的做法——我现在已经辨认不出来这些手写笔记了。

<h2 style="text-align:center">二</h2>

既然接触瓦尔堡图书馆很大程度上塑造了我，那么似乎我可以在此处稍加停留——顺势停靠片刻。然而出于某种似是而非的原因，我感到有种冲动，想要打乱叙事节奏，加入一些矛盾因子和张力。做到这一点，可以从我第一次游学逗留在瓦尔堡图书馆后的三四年时光里引入几个母题。这些母题兴许可以带来些许背景信息。

我还没有提及一点，在伦敦的早些年里，我住在切尔西一栋隐僻的四层楼房里——悉尼街后面的贝里步行街。我往外俯视，可见一个有雉堞的小房子，人称哥特式包厢［The Gothic Box］，里面住着一位号称"邻居西蒙"或"西蒙绅士"抑或"信使西蒙"的艺术界人士，我已然记不清究竟是哪个称呼了；另外在一个无雉堞的小房子里住着一位演技高超的澳大利亚演员彼得·芬奇［Peter Finch］的姐姐，当芬奇半夜三更醉醺醺回家吃了闭门羹时，他便会在大街上来一出本色表演。我的房东康斯坦丝·奥瓦尔［Constance Howard］是一位纺织艺术家，大战爆发前她经常来往惠特彻奇镇。她的丈夫哈罗德·帕克［Harold Parker］是一位全面型雕塑家——雕塑家理应如此，他是法新硬币背面鹡鸰图案的设计者，同时也是优质安全帽的设计者。他的工作室设在卡姆登镇［Camden Town］，康妮工作室也在这里，尽管她一心扑在位于新十字区［New Cross］的戈德史密斯学院［Goldsmiths'

College〕，这是她一手建立起来的学校，现已成为纺织艺术的中心，并以她的名字命名。我已经无法确切记得她个人在惠特彻奇的活动，只记得她那只名叫"爱狗吉姆"的小狗，但是让我选择一件代表惠特彻奇审美的作品的话，那便是一件我拥有的出自苏珊娜·康妮之手的雕塑——身着现代服饰的老年独立团〔the Elders〕，这件作品创作于1939 年，这是一个小夜曲萦绕的时代。夫妇俩是一对讨人喜欢的人，康妮希望这件作品能够重新回到我父母身边，而它最终传到了我手上，尽管我受之有愧。

我两度试图回想那些混杂而又重叠的记忆——关于曼彻斯特和圣加仑——描述这些年的伦敦生活并不是真正的目的所在，我将提及的贝里步行街故事接近真正的意图。贝里步行街离南肯辛顿地铁站只有一个长街区之遥，这一带公交线路覆盖广，包括开往布卢姆斯伯里的 14 路公交车。这里距离维多利亚与阿尔贝蒂博物馆及附属的国家艺术图书馆仅一步之遥。我在伦敦的第一年经常去国家艺术图书馆看书。1961 年，我成为维多利亚与阿尔贝蒂博物馆雕塑部门的助理监管人（第二级别），那时我仍住在贝里步行街。从我的住所到办公室步行不到十分钟。

雕塑办公室位于博物馆东南角，我们部门有七个人：约翰·波普-亨尼西、特伦斯·霍奇金森〔Terence Hodgkinson〕（后来成为华莱士博物馆馆长和《伯灵顿杂志》编辑）、中世纪史专家约翰·贝克威思〔John Beckwith〕、博物馆高级助理莱恩·乔伊斯〔Len Joyce〕以及两名博物馆助理——这个职位因职员升迁，人员经常变动——以及我。出入雕塑部门有三种途径。

第一种途径是乘坐一部大型升降电梯，这部电梯有时会将一些大木箱上载一两个楼层到陶器部门，不过有时也会下降到我办公室所在的半地下室，我的办公室与其他办公室相隔甚远，位于一个收藏小件雕塑作品的储藏室隔壁。我喜欢我的办公室，刚来上班时，这个办公室是新建的。从办公室向南往外看，可见干涸的护城河的一段围墙，它是孤立且崭新的，比其他围墙面积要人，它将维多利亚与阿尔贝蒂博物馆和克伦威尔路隔开。办公室里配置了雅观得令人难以置信的家具，都是从废弃的库存里捡来的。我尤其喜欢第二张办公桌，这张桌子很高、很宽，有倾斜度很大的斜面，两边则各有一面大大的水平方向的侧翼，供人坐在高脚凳上使用，但是非常适宜一个人站在桌旁处理大尺寸目录，比如哈比希特那本精美绝伦的关于德国文艺复兴时期纪念章的图册。这个房间让人身心愉快，除了几个晴朗的夏日午后，当阳光斜照进来，加之半地下室上方所在街道上枝叶繁茂的法国梧桐，让人感到像是隐身此地的逃票者。办公室外面的走廊处有一扇便门，由此可通往一个废弃的远东美术馆，紧挨着一架黄铜色爪哇竹木琴，顺着美术馆一路向西，不知不觉中便到了博物馆大门。

　　第二种途径是经由雕塑部的休息室出去，我身为初级监管员，每周有两三个午后需要在此值班，为有需求的观众讲解作品。没有人真心喜欢这种职责，它会将时间碎片化，并且这是一种约束，但是有这种需求的观众，雕塑展厅远没有陶器展厅多，因此楼上陶器展厅的值班员要艰难很多。讲解技巧很简单：避免评价、使自己确信作品属于所有者、不讲解交易商送来的试用品，否则他会上诉；从价值的常理上判断，展品算不上"珍品"时，也要让观众相信拥有这样的作品是一件令人愉快的事情，并且只因作品本身而喜爱它。讲解之后，送走心满意足的观众，从中可得到一种低水平技工的愉悦感。讲解效果最好的是那不勒斯伟大的意大利联合铸造厂［Fonderie Italiane Riunite］作品图册。观众可以在那里目睹 1900 年仿古式小雕塑的复制过程，并可选择三种不同颜色的做旧方式：黑色、棕色和绿色。整洁有序可以减轻任何失望感。

　　休息室外面的一扇门通向雕塑研究室。研究室右侧摆放着一些文艺复兴时期的纪念章，最近我对这些纪念章重新进行了整理并贴了标签。研究室左边是一些文艺复兴时期的铜像，装在昂贵的全新展示柜里，展示柜是由约翰·波普-亨尼西亲自设计的，高得令其他五六位铜像专家无法看到作品本身。他们同属小个子集团，这种划分不置可否，但是据约翰·贝克威思所言，这是他脑海里对某特定领域里美国学者的印象。这个房间通向博物馆的正前方。

第三种途径先是上楼走七八步，然后向北直到图书馆和博物馆中心，这一线路通常一天要走上好几次。接着，经过一段漆黑的楼梯顶部——沿着这段楼梯可达修辞部员工通道和服务台［conciergerie］，每日早晚都会有人来此处取钥匙和归还钥匙——这是一段长廊，一直通向美术馆某扇门。我现在无法准确猜测这段走廊的长度，也不记得左侧有大窗户或瞭望台——尽管我觉得它应紧邻低矮的屋顶——不过右侧有一系列房门，第一间屋子是纺织部门员工办公室，接着是馆长办公室。长廊地板是抛光的亚麻油地板。

有一天，我从长廊的南端出来，看到约翰·波普-亨尼西（他将是我叙述维多利亚与阿尔贝蒂博物馆经历的代表人物）从北端出来。在这里与人不期而遇是司空见惯的事情，但我注意到在这种情形下，无论是我本人还是他人都会显得颇为尴尬。在这段空空如也的长廊上，互相走近对方需要太长的时间，于是我们发觉这时得决定该在哪个时间点向对方报以同僚式的微笑或点头示意抑或任何打招呼的方式。太早显得愚蠢，太晚又过于随意。通常人们是不会为这种事情绞尽脑汁的：在走廊上相遇总让人的自然反应失灵。此时，亨尼西走近了。

他是一个健步如飞的人，但是步态并不轻盈。他并非闲庭信步，但也不是常年在田间或草丛中阔步而养成的大步流星的步态。事实上，他是那种都市人平稳流畅的步伐，类似于我们常在纽约一些跨区街区里见到的步伐匆匆的人们。大约在四码距离处，他看着我，张了张嘴，准备说些什么，接着他稍稍朝我的方向贴近了一些。我放慢脚步，大约相隔一二码距离时，我停下脚步准备与他互打招呼，而他既没有打乱步伐，也没有放慢脚步，而是突然从我身边绕了过去，二话没说继续往前走。我站在原地，窘迫不堪。

我发现这件小事耐人寻味，因为它以如此纯粹和直白的方式，显露了亨尼西行为背后的某种驱动力。他生性幽默，即使已然操纵了游戏，好胜心却不减。（显然，即便我预先知晓他将要做出的反应，可能从我以往的阅历而言，我是不会不打招呼继续前行的：那样可能会给他留下被人粗暴忽视的伤口。这是一个走运的人才能获胜的游戏。）然而，事实是对于他而言，一场有预谋且被操纵的游戏才叫游戏。他在真正游戏的过程中，常常感到厌倦。而另一方面，倘若一场被操纵的游戏，不知何故在游戏进行过程中，操纵突然失灵的话，那么他不得不临时发挥，于是他感受到了某种鼓舞，并且心情大好。倘若这不是一场关乎权力的游戏，至少也会被设想成为取得某种支配地位而进行的演习。

我第一次接触亨尼西是以译者的身份，这事可追溯到 1959 年或 1960 年。当时他需要有人帮他翻译那三卷本关于意大利文艺复兴盛期和巴洛克雕塑著作中的意大利和拉丁文文字和资料。他就此咨询宾，宾便推荐了我，我接受了这项任务，对报酬非常满意。午饭时间或午饭后，在亨尼西位于肯辛顿教堂街外的寓所里，我和他碰过一两次面，讨论翻译中的问题。其间，他告诉我其部门在未来几个月内将招聘一名新助教，并建议我申请这一职位。为他做事还是相当愉快的，于是我决定试一下。在结束瓦尔堡研究院的研究员职位之后，我终将另谋生路。这其中有三件事情是我当时不知道的。一是博物馆内部有人也想获得这一职位，并且已经沿才受职。二是我将不能从事有关意大利藏品的重要工作：一本豪华目录已经在校对中。三是期间亨尼西选定了另一位其在某地遇到的人，比起我来，他更中意这位年轻人。多年之后，我从某位当时在场的人口中得知，亨尼西费尽心思为这位年轻人谋取职位，尽管在任用委员会中只获得一票，但是身为馆长，其分量是不言而喻的，在文官委员会成员的坚持下，我才获得这一职位。

抛开这些事情不谈，他待人处事还是得体的。在我入职的第一年，他远赴美国，以怡人的东部大学——史密斯、布朗或者威廉姆斯——为据点，舒舒服服地隐居（配有年轻黑人仆人的小白房里）着，撰写他那部缺乏说服力的关于拉斐尔的书。这可帮了我的大忙。当他回到伦敦时已经是两年后的事情了，而且他知道我不久之后就会离开博物馆。他留给我很多时间做自己的事情。他确实会指派一些杂活让我做，但这些工作都是合理且能从中受益的。其中最主要的杂活是在新目录基础上，为九百件意大利雕塑起草新标签，并且为每件作品撰写几行文字，概述其主要信息——这是一项可以学到新知识的工作。我们之间并没有发生真正意义上的口角。他认为从博物馆利益出发，我最糟糕的不足在于进取心不够，交易商和销售处跑得不够勤快。不过他是以幽默的方式告诉我这番话的，不管怎样他说得在理。

我喜欢他，钦佩他旺盛的精力，并且发现他本人要比他的很多书有趣得多。他能在短时间内看完数量惊人的作品，我研究了一番他的阅读技巧，但是我无法利用这种技巧。我从来没有见他做过令人不愉快的事情。那些我信任的人确实目睹过，我无法怀疑这样的事情确实发生过。它们似乎是突然爆发的冷酷或背信弃义之事，任性而又无情，然而多少又有些随意，像是一个讨人厌的小孩所干的事情。我与他的交往经历告诉我，他不是一个复仇心重的人。有人，可能是约翰·贝克威思曾指出，馆长要么慢慢变得跟展品越来越像，要么他所挑选的展品都与其自身有某种相似度。德尔夫斯·莫尔斯沃思［Delves Molesworth］是一件多少有点磨损，但是优质的硬木作品，查尔斯·奥曼［Charles Oman］是金属工艺品，是尽人之所能接近的银器作品，温菲尔德-迪格比［Wingfield-Digby］是针法精巧的纺织作品，而约翰·波普-亨尼西是一件令人不安的 15 世纪异教徒丘比特铜像。

毫无疑问，他一直都是一个难以驾驭的人，但是从某种程度上来说，我仍然把他视为其本人塑造的博物馆神话的受害者，而他在博物馆待得太久了。就某种程度而言，他的身份已然变为博物馆的一件人工制品。庞大机构需要并推选出一个神圣不可侵犯的巨怪，而那里的五百号人都等着他张牙舞爪，他时不时地也这么做了。我厌倦了人们聚在博物馆休息室一隅，带着一种幸灾乐祸的心态，猎取"教皇波普"[The Pope]令人发指的最新故事——而这些恰恰是我不能提供的。那时我常与几位助理监管员一起吃午饭，我常试图用更为委婉的"疯狂托普西"[Topsy]替代"教皇波普"来称呼亨尼西，但他们不买账。在部门内部，他是"约翰"，然而问题是员工们共谋的是某种友善的管理方式。

一天中所有四位监管员聚头的唯一机会是下午茶时间，大约快五点时，地点在约翰办公室。博物馆的一位助理带来茉莉花茶，并从布朗普顿路买了甜腻的蛋糕。我们三人加上任何不速之客围坐在约翰的办公桌前，交换各种信息、闲聊以及辩论。即使是初中生，也能看出这是一次与鲍勃船长或类似人物共处的茶话会，压倒人的最后一根稻草是不速之客中的一位常客——绘画部门的 M 先生也在场时，他略带结巴地说起一些流言——除其他流言蜚语之外，这次的主角是普罗富莫和斯蒂芬夫妇——外带对上司的恭维奉承。特伦斯·霍奇金森是位寡言、拘谨之人，具有较好的修养，那时我和他常有来往；而约翰·贝克威思尽在溜须拍马，说些俏皮话。我记得他在诺曼底登陆第一天便受了重伤，远比我轻描淡写的要严重得多。约翰·波普-亨尼西主持茶话会，偶尔会流露出不屑的神情，但是基本上一切都顺他的意。我经常迟到。

鲜有几次，当我从半地下室办公室直奔茶话会时，发现约翰独自一人在房间里，其他两人都已离场去了别的地方。于是茶话会就成了二人对谈。这时，他很有可能会以某个他拿手的游戏开场，这间方方正正、天花板极高的办公室俨然成为一个壁球球场，发球全由约翰包揽。比如，我记得他循循善诱，假如换个词的话，便是想方设法使我赞同——或者至少想使我认同——我俩共同的朋友 Y 对 X 不利。"她简直就是他的负担，难道你真不这么认为吗？"这其中的赌注很高，因为 X 曾是我的赞助人，尽管约翰认识他的时间更久，但是我现在和 X 走得更近，同时我也喜欢 Y。"她实在太苛刻、太愚蠢了！"任何一丝不忠、一个虚假的微笑都会破坏我和 X 之间的关系，而我面对约翰本人会削弱我的独立性。"我晚上得与库克街那帮人聚聚。"我对三个问题中的一个做了保守无趣的反驳，对另外两点不做回应，这种讨论毫无乐趣可言，反倒错误百出，但是这回答恰恰守住了我的立场，我希望如此，尽管我并不能肯定这一点。"你想必发现了，她的眼影太可怕了？"

"接触名副其实的音乐节，他们竟也大惊小怪！"约翰就这个话题聊了几分钟后，开始感到无聊，突然转换了话题。我可能将两个场合发生的事情串联在了一起，不过我想他将话题转到卡尔卡尼上就发生在这次谈话中。

"在出版卡尔卡尼图册方面，说你毫无建树，这简直就是谣言。"他说。

两个月前，一个交易商带来一尊半身像，这是一件古怪的合成作品，青铜材质的头部、杂色大理石双肩和基座，以黑色漩涡纹修饰着一位 16 世纪作家的姓名——阿尼巴尔·卡罗［Annibal Caro］。"那是德拉波尔塔的作品！"约翰斩钉截铁地说道。一两天后，我特意去了一趟瓦尔堡研究院图书馆，看看是否能够找到任何有关卡罗方面有趣的资料。瓦尔堡图书馆曾经制作过一份卡罗奇维塔寓所的财产清单，简单明了地印在此人现代书房册页的后面，财产清单中明白无误地列出这尊半身像于 1578 年存放于该寓所起居室里。之后菲利波·巴尔迪努奇［Fillippo Baldinucci］在其著名的《经典设计作品描述》［"Notices of Exponents of Design"］中曾指出，这尊半身像仍然存放于卡罗寓所内，出自安东尼奥·卡尔卡尼〔Antonio Calcagni〕之手，尽管这一陈述时间是在一个世纪之后，但是这一事实不可否认。这也就是说，这件作品不是德拉波尔塔的。（我不想遵照艺术史学家惯有的那种暗示：他们总是战战兢兢。）在我发表这则所有者声明以及后来其他的所属关系时，约翰颇感恼火，但是这尊我们正打算购买的半身像还是标注为"卡尔卡尼半身像"。

"我必须亲自来做这件事情，"此刻他继续说道，"我将在《阿波罗》杂志上发表这则声明。"

我之前从来没有想过发表这一发现。我甚至都不喜欢这尊半身像。这则文献证据一锤定音，不过这是卡罗的显赫名声和图书馆馆藏发挥了作用，另外当时公务人员的代笔原则已然确立。无论怎样，在我看来当时发表这一发现都为时过早：关于这尊半身像还有一两件未决之事，尤其是那杂色大理石，我曾经在一本旧售品目录上注意到这种大理石称为西西里大理石，这些还需要投入更多的研究工作。

他密切观察着我的反应。在领会这种游戏意图方面，我向来反应迟钝，起初我以为他仅仅是想从实力上告诉我，他要发表有关这尊半身像所有者的文章，对此我并无异议。然后我意识到他的真实意图是想引起我对他发表此文的愤恨：我已经没兴趣谈论 X 的事情了，他想在半身像一事上击倒我，让我因此感到痛苦。我当时并没有体会到这一点，然而他刚才这番话表明他已经赢了。我不记得会谈的余下部分是如何进行的，但是促使我记住此事的因素，除了其他几份有关维多利亚与阿尔贝蒂博物馆的文件，还有两页光洁并盖过印的发黄大页纸，即博物馆员工草稿用纸以及我提交的有关卡尔卡尼文献资料的复印件。我当初保存这些无用的纸张，唯一可能的原因是在那篇文章刊出后，读到作者文章中的论述，着实令我恼怒：亨尼西泰然自若地讲述着那尊半身像的创作者应是卡尔卡尼，并给出那份鲜为人知的文献进行参考佐证。我现在还保存着这几页纸。

我最后一次偶遇约翰·波普-亨尼西是 20 世纪 80 年代在塔蒂别墅，此时他已经退居佛罗伦萨，距离上次我们碰面已然过去了整整二十年，这次偶遇并没有打破我对他的印象。在这二十年里，他曾做过维多利亚与阿尔贝蒂博物馆馆长，之后快速转任在大英博物馆馆长，接着调到纽约大都会博物馆，我到现在都没有明白他具体担任何种职务，而在此期间，我完全不记得是否与他有过正式的会面。这次我被安排在一个小型研讨会第二日第一个做报告。在会议开始之前，我到处转悠，这时我看到他来了，十分震惊。他并不是来参会的。"我特意来听你的报告"，他搬出那套惯用的寒暄，我当然知道最好将这种客套话当恭维话。我说了几句苍白无力的话，表示我的论文报告恐怕会"激怒"他，而我忘了一点，激怒某人就等于在运用某种权力。我们一本正经地交流了片刻。事实上，这篇以符号学读解《受胎告知》局限性的论文，观点相当武断，我十分确信此文必然会引起亨尼西的反感。我在发言时，时刻意识到人群中的那张扑克脸，尽管我还不得不去留意聚集在这一组的法国符号学家脸上流露出的烦躁不安情绪。发言结束几分钟后，我们并没有机会立刻说上话，他就等在那里，显然有什么话要跟我说。当我们终于搭上话时，他四平八稳地告诉我，"你的观点完全没有激怒我"，说完就走了，彻底的赢家。我的观点没有激怒他？我的观点没有激怒他？我的观点没有激怒他？

我是一个意大利文化研究者，但是既然意大利藏品大目录刚由约翰·波普-亨尼西和罗纳德·赖特鲍恩［Ronald Lightbown］合力完成，那么他们就会给我找其他活做，于是我被指派去编写德国艺术品目录，这将是我的主要工作，然而我对此一无所知。以整体形式示人的这批艺术品中最具连贯性的作品，我认为是哥特晚期和德国南部文艺复兴时期的雕塑藏品，尺寸小，但品质优良，我开始着手为这批藏品编目。那时，博物馆将把员工培养成"权威"视为自己的一大职责，从而使他们成为一种公众资源：博物馆支持员工修学旅行，与国外博物馆界官员接触。国家艺术图书馆距离我的办公室只有一百码之遥，在我研究法伊特·施托斯［Veit Stoss］的黄杨木作品《圣母子》［*Virgin and Child*］时，我可以将这件作品放在办公桌上慢慢端详。就熟悉一个全新的领域而言，这是一个绝佳的职位。等我 1965 年离开博物馆时，我已经编写了一册小目录的初稿，并最终发表。现在这册小目录已经彻底被诺贝特·约伯克［Norbert Jopek］于 2002 年编写的目录替代了。

　　我原本应该做进一步的讲述，而不应只是停留于此，但是我对那些雕塑、那些旋转缠绕的衣褶、构图上的伪均衡及其他种种都深感困惑，我不知道该如何定位它们，并且无法确定自己是否喜欢这些东西。那时我为刊物所写的关于德国雕塑的小文都是关于发生在这之后的意大利风格的作品。1480—1530 年间的雕塑家对他们的工作做何感想，这让我感到好奇，于是我花了一些时间研究他们的环境——更多是出于满足好奇而非研究方法的要求——并想找出一种评价他们的方法：我很清楚一点，即从根本上来说，以法国—意大利批评语言中的观念来评价德国雕塑作品是行不通的。两年后，我逐渐喜欢上德国雕塑，并在头脑里形成了关于这一领域的整体研究思路。我时不时地会问自己，当初为何毫不犹豫地要离开维多利亚与阿尔贝蒂博物馆。那是一种体面的生活。早上，我写信、起草标签以及完成其他部门交代的未解决的工作。午饭，通常是和一个同事一起，他鼓励我通过看展或拜访交易商来扩大交际圈。（在雕塑领域里，交易商往往都是学者型人物，非常有意思。）下午，我把时间基本上都花在了德语上。在我自己的闲暇时间里，我开始发表一些有关意大利人文主义的文章。我经常旅行。为什么我要离职呢？我想当时我曾说过，觉得自己被安排在了一个错误的岗位上。对于身不其所的种种调整——哪些客观环境是哪方面的自我所排斥的——会引发某种自我免疫反应。

　　我在维多利亚与阿尔贝蒂博物馆职位不当的一个标志是 EDO。我想这个术语代表的是遗产税税阶［Estate Duty Order］——艺术品所有者基于艺术品具有"民族性等重大意义"、艺术或历史趣味等附加价值时，会提出免除遗产税的要求，专家根据艺术品所有者提出的要求，给出他的专业意见，这就是遗产税税阶。这些专家来自各类国家博物馆，我是雕塑部门的晚辈，理应是作为后古典时期各类雕塑作品的候选评估者。评估者会拿到一份财产清册，内有藏品描述和估价，这两项内容均需评估者仔细核对，如有必要，则给予修改。藏品描述往往是由出售藏品的交易商提供，因此其描述有可能言过其实。藏品估价是遗嘱认证和办理遗产税的人所需提供的附加资料，通过这种途径给出的藏品估价往往过低。第三项决定事项是藏品是否具有民族性等重大意义或其他，由于标准日益走低，这个问题也变得颇为复杂，通常这些藏品是由第二代所有人宣称它们属于多年前已审批的有价值藏品的补充。

　　我所面临的一大障碍是专业能力欠缺。我常常会碰到某些类别的雕塑作品，我对它们一无所知，甚至在我对某些藏品相当熟悉，需要对藏品的描述给出自己的意见时，也无法估量其价值。因此，我不得不骗取同事的智慧。第二大障碍是作品所有者需缴纳的评估费用是根据作品的评估价值，按一定比例来收取。我看到同事根据三四点因素，镇定自若地提高名单上藏品的估价，而我完全无从评价他们的做法是对是错，但是在金钱上采取狭隘的英格兰北部清教徒式的做法也令人很不愉快。第三大障碍是尴尬的社会地位。这一职位有些模棱两可，介于类似财产监督人——想必欣钦布鲁克的管家就是这么看我的——和经验老到，足以提供建议的古董商，如诺尔［Knole］那些可敬的古董商之间。

　　一份综合的经过集体调研的遗产税税阶的诞生过程是这样的：我一人到火车站，发现与我同往的还有另三位同行，在我眼里他们分别是知识渊博的小丑、聪明的专项资金投资者以及体面又有见地的人，最后一人似乎住在郊区某片区域，原本这地方是专门用来存放他的藏品的。我并不想和这个团队打成一片。以今天的眼光来看，这批藏品犹如暴发户，而亨利或海沃德疗养院附近爱德华时代风格的房子也都只是虚有其表，不讨人喜欢。那些藏品也是如此，它们大致可归为五六个类别，至少我手头藏品——比如英国的雪花石膏或 18 世纪的陶俑——的外表特征一致，表明是从同一个交易商手中购得，并由同一个修复师进行修复。它们不是赝品，然而修复过度、添补过度。那个小丑在隔壁房间开始着手工作，很快随着叮当一声，他就把东西放下了，而那个专项资金投资者出于其自身目的，做了一份概括性的房子财产清册，那位体面人一边看着他的藏品，一边唉声叹气。一位遗孀带着一个善于讨好女人的四十来岁男人也来到了房子里。据介绍这位男人是这批雕塑品供应商的公子，如今是这家公司的头目，他自称一同前来是为了提供一些我可能需要的额外信息。他在房内四处走动，热心于那些损坏的藏品，尽管他和投资者之间没有言语上的直接冲突，但我还是感觉到两人之间的宿怨，而我原本打算向那位投资者打探一番他对我的评估的看法，结果并未如愿。午饭时间，除了那位交易商滔滔不绝，其他人都没什么谈兴。在那位遗孀眼里，我们显然是一群粗鲁的闯入者。通常来说，雕塑作品要比其他门类作品数量要少，因此我需要处理的事情也就比别人少，于是午饭之后，我便主动去预定了一辆出租车，打算赶早一班火车回去。然而，那位交易商也想回城，并坚持让我搭他的宾利车。途中，我并没有试图去赢得他的信任，只是彼此之间营造的良好气氛被我强行插入的报告给破坏了。宾利车载着我们在伦敦市郊拥挤的交通中挪动，汽车忽而刹车，忽而制动，使我想呕吐，我注意到车外雨中排队挤公交的人们向我们的宾利车投来敌意的目光。

我发现自己对像维多利亚与阿尔贝蒂博物馆这种体制生活喜欢不起来。我们有坐班制度，虽然执行起来比较随意，但是原则上需要在一个粉红色小册子上记下到馆和离馆的时间，以备应对每月总体考勤检查。当一个人精神低落时，各部门的实体结构，这里棕色的亚麻油地毡和公共工程部整体所布置的梭编和笨拙的修修补补，让人的精神显得更为低迷。当我踏入博物馆那刻，庞大的人文机构和各种不合意的地板，经常让我感到些许的压抑。它让人产生一种上学堂的错觉。

　　然而，第一件至关重要的事情是我意识到一点，即当我着手处理手头有关藏品的重要事务时，我缺乏某种必要的鉴赏力。这并不是因为我不享受鉴赏所带来的快乐，或不崇尚鉴赏。熟稔某个领域本身是一件令人满足的事情，而我做的两三件藏品鉴定让我体会到探索过程所带来的快乐，这是一个人在挖掘历史活动中期望获得的最为纯粹的满足感；我曾经见到一位德国鉴赏家在维多利亚与阿尔贝蒂博物馆地下储藏室里鉴定出了一尊黄杨木小雕塑的创作者，而他本身对这位艺术家非常感兴趣，当时这位身高 6.6 英尺的鉴赏家高兴得跳了起来，我能体会他那刻内心的狂喜。

　　我缺乏牢固的视觉记忆。我顺利完成的藏品鉴定，主要涉及查找与藏品描述相关的文献，倘若之前的文献无涉及，我就从头开始进行鉴定。真正的鉴赏家在看到藏品时，脑子里会浮现出该藏品与其他艺术品在视觉上的关联网，由此对藏品进行鉴定。这是鉴定过程中至关重要的活动。或许在这一活动之后会进行各种不同的构建和核实工作，并且与之相关的各种潜在关联性都需要一一挖掘、厘清，但是所有活动中不可或缺的基础工作是当你看到藏品 A，藏品 B——恰恰就是这个藏品 B——会从记忆深处浮现出来。做到这一点，你需要一副好记性和有序的视觉记忆。我认为这种才能有别于所谓的"眼力"——"眼力"当然是一种能力，它能够使人从一大堆东西中抓住藏品的特性。视觉记忆力和眼力并非毫无关联，兴许一个人同时具备了这两种能力，但往往不可兼得。比如说，约翰·波普-亨尼西显然是个有"眼力"的人，但是他的视觉记忆力并不出众。从他开展的项目中可以明显看出这一点，他偏爱的研究主题，在视觉范围上他办公桌上五六本彩印书籍就完全涵盖了，因为千头的书籍对他的视觉记忆有提示作用。

　　在我结束公派国外游学旅程之后，我十分清楚地意识到自己在视觉记忆上的弱点。我开上新买的二手大众车去勃艮第、德国或波兰和捷克斯洛伐克一个月，并将系统地考察各个博物馆和教堂，间或宫殿和城市广场上的雕塑作品。在此次旅行中，我带着特定的目的或者说预想的问题重点考察一百件作品，另外作为储备，我还会对一千来件作品做相对一般性的关注。为此，我准备了好几本笔记本，以便途中做些笔记，并将一些细节通过素描和照片的形式记录下来。同时我还有意识地花大力气进行记忆。几周之后我回到伦敦，我在途中见过的大部分作品在视觉形式上的独特特征已从我的记忆中消逝或模糊成无特点的大杂烩了。我在卡尔斯鲁厄［Karlsruhe］曾见过一个画像，但是它的衣褶在左侧腹是如何处理的，至今都无法回想起来，有时不知何故我会觉得在维多利亚与阿尔贝蒂博物馆曾经见过此作品，甚至现在都在尝试对号入座。我专程去图书馆找到图片，发现卡尔斯鲁厄画像左侧腹的衣褶与博物馆里的画像衣褶并不一样；也许是它们之间存在着一些非重要的相似点——比如说束腰外衣底下反复出现的衣褶——这些兴许引起了我的某种联想；又或者图书馆所藏图片实则与我记忆中画像的整体印象并不匹配。我可能浮想过头了。当然这只是旅程中很小的一部分：制作技巧的物理现实和环境也是研究的重点，更不用说本土艺术史家的研究成果。然而我知道有些人可以有效地保留记忆并在事后重拾记忆，而这正是我所不能的。

　　其他不理想因素很早就显露出来了，在我被带到其他部门——每次拜访一个部门——会见博物馆里其他同事时初现端倪。会见的同事中有一位上了年纪的、接近退休的助理馆长，鼎鼎大名的灾难制造者，他热情地招呼我，“我以前经常与你祖父一起共进午餐”，他说，“那情景恍若昨日啊！”我祖父去世时，我才五岁，对他完全没有印象。我已然意识到在艺术博物馆谋职，其实是在跟随父亲的脚步，但是我还没完全意识到这已经是三代人的模式了。这让我有些担忧。

在我看来，超越个人经历之外的家族史兴许是造成错误个人身份观念的源头。关于这一点，我将彻底撇开不谈，除了个人出身（或者个人认可的其他说法）可能时不时地成为环境意识的一部分，并从某种程度上成为个人经验的一部分。总之我的家族史是极为平常的，并且大体而言没有出现子承父业的情形——农民和小企业家，之后在19世纪分散从事当时正开发的各类新兴矿业。因为家族姓氏颇为不寻常——可能只是常见的"巴克森代尔"［Baxendale］的误写，不过可能与17世纪从挪威移居到约克郡的移民有关——从而演变成巴克森德尔［Baxandall］，并取代之前所有的写法。

我父亲方的直系亲属有：亚伯拉罕、亚伯拉罕、乔纳森、乔纳森、大卫、大卫、我父亲大卫。（我见过一个专事马克思美学和河滩研究的学者李·巴克森德尔［Lee Baxandall］的美国家谱，它与第一代乔纳森［Jonathan］有过交叉，并顺势以"菲尼亚斯"［Phineas］作为姓氏。）自18世纪上半叶起，亚伯拉罕一家和乔纳森一家成为西区煤矿的开发商——我希望当时没有牵涉到童工问题。他们似乎在至少一百年的时间里，靠出租土地和抽取租金维持生活，但是没有任何迹象表明在这期间他们有过长期积累资本的经历。第一代大卫，也就是我的曾祖父起初涉足过煤矿业，但是在19世纪60年代放弃了这一行业，在基斯利［Keighley］上游布朗蒂郡的沃思谷［Worth Valley］英格罗［Ingrow］扎根，成为一名玉米面磨坊主。从后来我祖父拍摄的照片来看，他是一个留着浓密络腮胡子的人，令人敬畏，为人相当有趣。他是一名卫理公会派平信徒宣教师。

第二代大卫，即我祖父是这家磨坊主十一个孩子中的老幺。他在磨坊长大，那时的磨坊已经升级为蒸汽动力，但是仍然保留着原先的贮木场。祖父的兄长们究竟以何为生，对此我的记忆相当模糊，除了其中一人当了水手，在瓦尔帕莱索［Valparaiso］海港遭到杀害。

四个女儿中有两个嫁给了农民，而另两个在其哥哥成为鳏夫后，长年照顾他们的生活起居。这一代所有孩子全部脱离了磨坊，我还为此苦闷了一阵。十一个孩子中三个小儿子之间关系紧密，其中一个儿子撰写的代数教科书广受好评，生活富足；我喜欢拜访他住在萨里［Surrey］的女儿。二儿子是一位宇航员，家住剑桥，我也认识他女儿。（我在小时候听说并记得有关他的两件事情：他戴蓝色眼镜，这样就不会吸引他人的注意力；为了躲避一个他不喜欢的人，他猛踩自行车导致心脏病发作，英年早逝。）最后便是我的祖父大卫，他是数学和天文仪器方面的史学家。

他在帝国理工学院受到数学方面的专业训练，但是最终成为科学博物馆的馆员。科学博物馆坐落在帝国理工学院的拐角处，穿过展览路便是维多利亚与阿尔贝蒂博物馆。他与科学博物馆之间至少还有一个共同点，那就是他对铜制古董的兴趣。据我搜集到的资料所示，他曾是一位优秀的学者，当我看到他出版的著作时，觉得他非常了不起。撇开其他事情不说，我的祖父还走在时代前列，他曾研究过巴比奇［Babbage］和早期计算机。（科学博物馆藏有一册他于 1926 年制作的计算器目录，1975 年时进行了增补并重新发行——了不起的工作。）然而对我而言，身为第三代博物馆馆员，这一位置似乎带给我一种难以忍受的因袭守旧之感。这种感受日益成为一种精神上的困扰，需要迅速脱离这种现状或者至少对眼下处境进行调整。正因如此，再加上其他更为现实的原因，当恩斯特·贡布里希写信给我，建议我重回瓦尔堡研究院，并给予我稳固的工作，起初可以教授修辞学和辩证法时，我毫不犹豫就答应了。

我在维多利亚与阿尔贝蒂博物馆的最后一年正是我从剑桥大学毕业，允许自己十年逍遥游到期之年。这期间并无新奇的经历。我就此打住。

第六章

尾声

谁，什么，哪里，借助于什么，为什么，如何以及何时？

此次写作计划是为了摸索回忆文的艺术语言。我想找到某种形式或者模式，借此从一定程度上介入我们对过去的回忆，使得我们带着一种自我批评的眼光来审视过去。

关于我勉强所述的记忆中的自我，在叙述时所使用的艺术语言，我想说几句。

这种艺术语言就隐含在这些记忆断片中，也是此书不断回环往复的基点。

我原先打算多做一些分析，用真实的记忆断片来体现类型和结构。然而，每当我开始写下一则有代表性的记忆断片时，就需要强调它的独立性，由此便需要花大力气来完成。回顾整个写作过程，这种情况至少从戈德温的故事开始就已然如此了。从第三章开始，我便顺着故事发展的轨迹而写。

我从一开始就已说明并非是想写一本回忆录，但是这一声明自有其尴尬之处，不过我打算忽略这一点。

事实上，从艺术语言来看，它动用了中间级别或范畴的修辞学——既不是那种涉及整体或结构的宏大修辞学，也不是关于个体修辞或理念的局部修辞，而是一种结构散漫的中间组织，一段文章或一个甚或二十个段落都是基于这种散漫的结构之上。（在古典修辞学中，范围与之相似的是"预备练习"［progymnasmata］，但是它们二者之间重叠之外极为有限，因而我并不想为此寻求某种联系。）

我所写下的绝大部分文字可归入五六种不同的论述类别，并且它们之间常常是交织在一起的，或者隶属于其中某一种。我知道的主要类别有以下几种：

1. 次叙述花絮
2. 某个断片的局部叙述
3. 对日常生活肌理的综合概述
4. 人物速写
5. 场所再现
6. 将当时的心理状态和情感还原成合理的概述

然而，我的叙述常常是为了说明以上这些类型，它们是一系列以简短桥段为连接点的断片，至于这些断片是否与类型学特征相吻合，我很少关注。我所关注的是它们个体的形式和主题。

回忆过程——从大脑突触的条件刺激到圣·奥古斯丁的《忏悔录》——是漫长且多面的，它有很多重要的时刻和关联。我在此展现的片刻——我在第一章里将它称为"回忆"——是一种对记忆有意图且直接的叙述，是刻意追溯往昔的记忆。它的产物比起我们在沉思过程中被动产生的无固定形式的东西来显得更为具体，而沉思是回忆的前期阶段。

回忆的步骤很大一部分可以用拉丁文中的"六步格"［hexameter］即本章的小标题来概括：谁，什么，哪里，借助于什么，为什么，如何以及何时？人物、事件、地点、媒介、原因、方式以及重要时刻。

回忆的产物是经过编辑加工的：有选择性的、整齐有序的。

它的特征如下：碎片式的、扼要的、有选择性的、受约束的。

这些正式写出来的插曲与那些无固定形式的沉思、自我反省以及自我意识之间有什么关联呢？插曲更加具体化，囊括了一些有选择性的事件。同时，它们又缺乏一个设想领域里应有的语境所指。在我回忆往事时，碰巧想到了戈德温的村子，我并没有在脑子里编排"石砌的农庄"和"饮马池"等；然而我对村子有个整体概念，这种概念不必具体，自然不是记忆的全部内容，却肯定包括了酒吧和店铺、戴·劳埃德的腿部支架以及文中没有提及的很多东西。我兴许是泛指任意或所有这些东西，又或者我并不指涉任何东西，但是这是可理解、可设想的。

这很大一部分仰仗记忆所提供的素材。

花絮［vignettes］和断片［episodes］似乎有着不同的定义，花絮强调的是叙述，而断片不是。我曾重点阐述过花絮，比如有人想起曾经在黎明的黑暗里，坐在一辆双轮轻便马车里，但是这种花絮并不是莱辛所说的包孕性的时刻［pregnant moments］，并且我无法确信它们甚至可以体现某个时刻。从花絮所具有的意义来讲，它们更像是某种隐喻。

叙述

小时候，我们的父母或其他人都曾训练过我们如何进行局部叙述——"你做了些什么？"或者更别有用意地问我们"过得开心吗？"——显然父母提供了一些很好的叙述模式，由此引导孩子进行良好的叙述，而良好的表现总是获得关注和肯定。

我们无法准确地回忆往事的核心困难在于我们想要表达的与达到这一目的必须借助的工具不匹配。我们本以为想要表达的是某种类似于叙事性的记录，但我们从中找到自己所处的位置，并以近距离对焦的方式将之推及人和场所、事件以及生活肌理。我们能够接受这种记录中存在分歧、模糊地带、扭曲以及失衡之处。

　　份扩大又人性化且可选择性建立联系的个人简历可在各个方面进行扩充和增补。

　　要想做到这一点需借助的工具已经逐步升级，具备了一些其他的功能，包括概念化——这是一种概括性功能，不适宜需要个别处理的细节、原型模式、先验图式、综合、推理以及背景知识。

自我

　　关注个人过去关心的事物。

　　叙事性写作告诉我一点，叙述并不依赖自我，而这一观点已然引起了很多争论。

　　关于"自我"长久以来的问题之一是它是否或者多大程度上是借助叙述而构建出来的：我们可能通过讲述自身构建出我们的身份，就像讲述一个以往事为主，又时而投射至未来的故事。此种构建涉及我们对自我的评价。同时，具有强烈感染力的自我构建故事会促使我们积极地、有意识地去实现故事内容。这一观念存在一些问题，对于眼下正在进行的事情来说，"叙述"这个词显得有些词不达意。然而，叙述的姿态不可避免地会成为过去自我修复和叙述的一部分。

　　一个更值得讨论的问题是"叙事"或"叙述"的地位。作为一个叙述者，究竟多大程度上是在构建自我，关于这一点众说纷纭，很多异见的出发点便是错误的。叙述学家［narratologist］将"叙事"或"叙述"（或者详述［récit］）的三种主要含义做了区分，即述说对象的一系列行为和事件；被述及的一系列行为和事件；述说，其本身就是一种行为——它可能是特洛伊战争；《伊利亚特》荷马的吟诵。

　　我感到回首往事的意义似乎在于它激起了一种意想不到的回访，在这个过程中，我的往昔也在审视着我。我徒劳无益地重构着过去，然而一个或多个陌生者，一个或多个过去的自我正透过记忆的裂口窥视着如今的我，充满了愤懑。我无处安放他们。除了不辞劳苦地记录下我能记住的一切，别无他法，而我却不打算这么做。然而，事实是现在我会时不时地想起某个记忆断片，而它却无法与我在叙述过程中所构建的自我兼容，这时我对这个构建出来的自我所怀有的信心瞬间瓦解。

出版说明

迈克尔·巴克森德尔生前审阅过此书的最终稿。另外，出于出版的考虑，文稿中有几处小修改。最后，"尾声"部分是作者的回忆在完整书稿上的延续。删除了几处重复和晦涩的文字。

打字稿原件藏于剑桥大学图书馆，与巴克森德尔档案存放在一起。